AF341673

LE PERSONNEL

DE LA

MARINE MILITAIRE

ET LES

CLASSES MARITIMES SOUS COLBERT ET SEIGNELAY

D'APRÈS DES DOCUMENTS INÉDITS

PAR J. DE CRISENOY

ANCIEN OFFICIER DE MARINE

PARIS

LIBRAIRIE DE CHALLAMEL AÎNÉ

30, rue des Boulangers

ET CHEZ TOUS LES LIBRAIRES DE LA FRANCE ET DE L'ÉTRANGER

1864

Traduction réservée

LE PERSONNEL

DE LA MARINE MILITAIRE

ET LES

CLASSES MARITIMES SOUS COLBERT ET SEIGNELAY

d'après des documents inédits.

EXTRAIT DE LA *REVUE MARITIME ET COLONIALE*

Livraison du mois de novembre 1864.

L'institution séculaire destinée à recruter les équipages de nos vaisseaux de guerre est, depuis quelques années, l'objet d'une polémique dont la gravité n'a pu échapper aux personnes les plus étrangères à la marine. Survivant à son époque, affermie sur les ruines mêmes de l'ordre social auquel elle appartient, l'inscription maritime, bien qu'attaquée par de nombreux adversaires, trouve encore d'éminents défenseurs toujours prêts à évoquer l'ombre de Colbert, et convaincus que la France ne doit pas, en répudiant à jamais l'héritage de ce grand homme, se priver de ressources dont elle aurait peut-être à regretter l'absence au jour du danger. Il y a trois ans, nous examinions nous-même[1] les termes du débat en nous demandant, les ordonnances du dix-septième siècle à la main, jusqu'à quel point l'autorité

---

1. *Les ordonnances de Colbert et l'Inscription maritime.* Paris, Guillaumin. 1861.

du ministre de Louis XIV et la sanction de l'histoire pouvaient être invoquées comme soutien de cet édifice déjà chancelant. Depuis lors, diverses mesures ont achevé de l'ébranler ; et le décret du 22 octobre 1863, sur la formation des équipages est venu modifier si complétement l'ancien ordre de choses, que beaucoup de personnes se sont demandé s'il ne fallait pas considérer cette mesure comme un premier pas dans une voie nouvelle.

Quoi qu'il en soit, le moment nous semble venu de recueillir les enseignements du passé sur cette matière, en étudiant avec soin les documents conservés aux archives de la marine, soit dans la correspondance des secrétaires d'État, transcrite jour par jour sur les feuillets de volumineux in-folios, soit dans une multitude de lettres et de mémoires, émanant des divers agents de l'administration. Éclairé par les indications de MM. les archivistes, qui mettent à faciliter nos recherches une complaisance dont nous ne saurions trop les remercier, nous avons pu aborder, sans trop d'appréhension, ce travail de longue haleine, et nous en apportons ici les premiers résultats.

I

Avant de rechercher dans les documents authentiques les causes qui ont motivé l'établissement du système des classes et les principes qui ont présidé à cette création, nous devons rappeler en quelques mots la doctrine généralement proclamée comme une sorte de catéchisme officiel sur cette matière.

La France, pays essentiellement continental par sa situation géographique et par le caractère de ses habitants, ne peut, on l'assure, produire naturellement les éléments indispensables à la protection de son littoral et de son commerce; et elle se verrait réduite à entretenir constamment, comme le fait la Russie au prix de dépenses excessives, un nombre considérable de matelots si, depuis deux cents ans et pour jamais, le génie d'un homme n'avait remédié, par un ingénieux rouage, aux dangers résultant pour elle d'un défaut d'équilibre dans sa constitution primitive. Voulant à la fois développer la navigation marchande et organiser une marine militaire formidable, toujours prête à agir au premier signal, Colbert fit avec tous les marins du royaume un contrat synal-

lagmatique par lequel il leur concéda à perpétuité, à titre de
monopole et de privilége, l'usage de la mer, ainsi que la propriété des richesses qu'elle renferme dans son sein. Il les
exempta, en outre, des charges féodales, assura, au moyen
d'institutions spéciales, leur existence et celle de leurs familles, lorsqu'ils seraient dans l'impossibilité d'y subvenir
par suite d'absence, d'infirmités ou de vieillesse; en un mot,
il mit les classes maritimes à l'abri de la misère et leur livra
une source féconde de profits; mais, en échange de si grands
avantages, il exigea qu'elles fussent toujours à la disposition
de l'État. Grâce à ce pacte, fidèlement gardé de part et d'autre, les populations du littoral ont prospéré, et les contingents nécessaires à la formation de nos équipages ont toujours
été facilement fournis par elles, tandis que, moins favorisées,
les nations étrangères nous envient encore un établissement
regardé à juste titre comme le palladium de notre puissance
navale. La simplicité, la netteté, la logique apparente de cet
exposé ont, au premier abord, quelque chose de tellement
séduisant, que l'esprit l'adopte sans balancer et sans songer
à douter de son exactitude. Tôt ou tard cependant, le charme
se dissipe sous l'empire de la réflexion, et un examen attentif ne tarde pas à démontrer que ses conclusions reposent
sur une erreur capitale. L'État y est représenté concédant
aux marins l'usage exclusif du domaine de la mer, domaine
qu'il ne possède pas lui-même. Nul ne conteste, en effet,
qu'à l'exception d'une zone très-restreinte, environnant les
côtes et ne dépassant pas en largeur la portée du canon, la
mer ne soit, comme l'air que nous respirons, comme la
lumière qui nous éclaire, le patrimoine commun, indivi-
sible, inaliénable de l'humanité tout entière; et la France ne
pouvait oublier cette vérité, tandis qu'elle combattait pour la
faire prévaloir contre les nations qui prétendaient s'arroger
l'empire, sinon la propriété de l'Océan. Quant au domaine
côtier lui-même, il est, ainsi que la haute mer à l'égard de
l'humanité, essentiellement commun aux citoyens d'un pays.
L'État peut disposer d'une partie des rivages, en accorder la
jouissance temporaire à certaines industries, régler dans
l'intérêt de tous l'usage des droits qui appartiennent à tous;
mais il ne lui est pas plus permis d'interdire l'accès de la
mer à qui que ce soit, que de réserver à une catégorie d'individus la faculté de circuler dans les rues des villes ou sur
les routes qui sillonnent son territoire.

Le privilége, le monopole appliqué à la navigation aurait donc constitué une atteinte aux droits naturels et éternels de l'homme; nous ajoutons que, formulé conformément au dire des champions de ce système idéal, il n'eût été qu'un mot vide de sens. Car, de tout temps, les marins avaient été en jouissance des choses de la mer, sans quoi ils n'auraient pas été marins, et comme eux seuls pouvaient continuer à en user, on ne leur donnait absolument rien en leur permettant d'en jouir. Un monopole peut, il est vrai, être créé de différentes manières, et spécialement lorsque, sans accorder à une classe d'individus l'usage d'un nouvel instrument de travail, on circonscrit et on fixe irrévocablement le nombre des personnes autorisées à s'en servir, de manière à augmenter artificiellement les bénéfices de l'industrie. C'est ainsi que les notaires, les agents de change, les courtiers possèdent actuellement des charges ayant une valeur vénale plus ou moins élevée. Mais cette limitation constitutive du véritable monopole, dont ne sauraient tenir lieu certaines conditions spéciales, considérées comme d'ordre public, encore moins l'obligation de payer un impôt ou de supporter une charge exceptionnelle, n'a jamais été établie pour les marins, non-seulement parce qu'une pareille disposition eût été matériellement impossible à appliquer, mais surtout parce qu'elle aurait eu pour résultat inévitable d'entraver le commerce et de restreindre une classe d'hommes qu'on cherchait précisément à augmenter.

Colbert ne fit à aucune époque un contrat semblable à celui qu'on lui attribue; il n'en eut même pas la pensée. Lorsqu'il mit la main aux affaires de la marine, la difficulté d'armer les vaisseaux du roi sans gêner les marchands était depuis longtemps déjà, pour le pouvoir, le sujet des plus graves préoccupations; et plusieurs ordonnances, dans lesquelles la promesse des priviléges les plus étendus et la menace des peines les plus sévères se trouvaient employées tour à tour, avaient été rendues en vue d'attirer et de conserver les matelots, devenus à la fois plus rares et plus nécessaires depuis que l'artillerie occupant, par l'accroissement de sa puissance destructive, une place plus grande sur les navires, avait opéré une transformation radicale dans la composition des équipages. Avant l'emploi du canon, les hommes ne se battaient pas sur mer autrement que sur terre. Les vaisseaux n'étaient que des corps flottants destinés

à servir de champ de bataille, et, à l'exception de quelques-
uns munis d'éperons et de ceintures en fer, le commerce
et le cabotage les fournissaient tous. La guerre était-
elle déclarée, quelque nouveau grief avait-il réveillé les in-
stincts belliqueux des populations maritimes, qu'aussitôt tout
s'agitait sur nos côtes. Les nefs grandes et petites, halées
sur les galets qui bordent nos falaises normandes, retirées
dans l'embouchure des rivières, au milieu des rochers de
l'Armorique ou derrière les pertuis de la Saintonge, débar-
quaient à la hâte filets ou marchandises et se préparaient
au combat. Des gens d'armes, des archers, des arbalétriers
montaient à bord, tandis qu'un pilote et quelques matelots,
instruments non moins passifs que les chiourmes des galères,
conduisaient les barques et orientaient leurs voiles. Dans
l'ordre de bataille, les navires se présentaient par l'avant,
les plus forts occupant le centre, les plus légers répartis sur
les ailes. L'action s'engageait à distance par les arbalétriers;
bientôt les adversaires se rapprochaient, se mêlaient, s'abor-
daient, se prenaient corps à corps, et la lutte se terminait par
un pillage précédé d'une noyade générale des vaincus, dont
les matelots et les personnages capables de payer une forte
rançon étaient seuls préservés.

Dans de pareilles conditions, les équipages ou plutôt les
garnisons étaient faciles à trouver. Chevaliers et soldats,
attirés par l'appât du gain, accouraient tout armés. Les villes
envoyaient leurs milices, et les seigneurs leurs vassaux. Mais
lorsque, vers la fin du quatorzième siècle, les canons furent
introduits à bord, il fallut, autant pour résister à leurs coups
que pour supporter leur poids, construire des navires spécialement destinés au combat, en augmentant la force de
leurs membrures. Les coques et les mâtures acquirent des
dimensions inconnues jusque-là, et les matelots, requis en
plus grand nombre, se substituèrent, en qualité de canonniers, aux archers peu capables de manœuvrer et de pointer
sur mer les nouveaux engins. L'histoire rapporte qu'au siége
de Rapallo, sous Charles VIII, le vaisseau commandé par le
duc d'Orléans tira pour la première fois des boulets de fer
avec des canons de gros calibre. Quelques années plus tard,
ce même prince, devenu roi de France sous le nom de
Louis XII, ordonnait la construction de *la Charente*, belle
caraque portant 200 pièces d'artillerie, dont 14 à roues, et
1200 hommes de guerre ; tandis que la reine Anne de Breta-

gne faisait sortir de la rivière de Morlaix *la Belle Cordelière*, à laquelle son brave commandant Primauguet devait offrir un jour, en s'abîmant avec elle, de si sanglantes hécatombes. A partir de cette époque, l'art naval demeura à peu près stationnaire pendant plus d'un siècle. Nous avons sous les yeux un dessin représentant le vaisseau *la Couronne*, construit en 1637 à la Roche-Bernard ; son avant offre encore l'apparence d'une forteresse armée de deux étages de bouches à feu. L'arrière, qui s'élève presque à la hauteur de la grande hune, porte quatre dunettes disposées comme les marches d'un escalier, formant autant de défenses intérieures et superposées, que les agresseurs étaient obligés d'emporter d'assaut avant de se trouver maîtres du navire. Sur soixante-douze pièces, quarante-huit seulement arment faiblement le travers, qui offre aux boulets un objectif énorme. Déjà cependant, les batteries se prolongeant de l'avant à l'arrière font pressentir que la lutte entre les vaisseaux ne tardera pas à se substituer à la lutte entre les hommes. *La Couronne* portait le pavillon du vice-amiral de Launay-Razilly dans la flotte du cardinal de Sourdis, et comptait dans son équipage 500 matelots, non compris les soldats. Trente ans plus tard, les énormes châteaux d'avant et d'arrière s'étaient sensiblement abaissés ; le véritable vaisseau de ligne apparaissait, et Duquesne inaugurait à Stromboli et à Agosta le nouvel ordre de bataille formé sur une seule ligne de file.

Pendant que la révolution dont nous venons de tracer les principaux caractères modifiait les éléments de notre puissance navale, la France marchait à grands pas vers son unification. Les provinces maritimes s'étaient successivement rattachées à elle, et le système féodal, en s'écroulant de toutes parts, laissait au roi et à ses ministres la charge des levées, ainsi que le soin d'organiser et d'entretenir les forces militaires du royaume. Pendant les premières années du règne de Louis XIII, la plus grande partie des navires composant nos flottes appartenait encore à des villes ou à des seigneurs ; et, plus tard, alors même que Richelieu eut posé les bases de l'administration des ports en fixant l'effectif de la marine royale à 40 galères dans la Méditerranée, et 40 vaisseaux ronds dans l'Océan, on vit figurer en ligne des bâtiments tels que les deux galions du duc de Guise et des chevaliers de Malte, restés célèbres par leurs dimensions et par leurs exploits[1]. Toutefois, les armements du roi avaient pris relativement une importance assez considérable pour que la pénurie des matelots se fît déjà sentir. Dans le but d'y obvier, le cardinal prescrivit d'entretenir à terre « 100 canonniers à 50 fr. par an, et de donner 20 fr. à 150 autres matelots âgés de seize à vingt ans, et ayant cinq ou six ans de mer, pour qu'ils apprissent le service du canon à bord des bâtiments armés. » De leur côté, les échevins des villes maritimes devaient proposer des prix aux habitants desdites villes et côtes avoisinantes, afin de les attirer aux exercices de l'artillerie et de pouvoir les enrôler ensuite comme canonniers. Chaque année, au mois de décembre, il devait être dressé dans les ports, et envoyé au cardinal, un état contenant les noms de tous les hommes faisant profession du métier de la mer[2], et, quelques années plus tard, par une ordonnance du mois d'avril 1635, il fut défendu à tous les gens de mer, canonniers, matelots et mariniers, de s'absenter et de servir hors du royaume, interdiction qui, malgré les peines énormes infligées aux coupables et à leurs familles, ne paraît pas avoir produit grand effet, car tous les deux ou trois ans on la voit renouvelée avec les mêmes menaces. Richelieu avait essayé, en outre, de tirer parti de l'enrôlement général, et de constituer un personnel permanent en obligeant les marins employés une seule fois sur les vaisseaux du roi à y servir toute leur vie. La reine Anne d'Autriche, qui lui succéda dans la charge de surintendant de la navigation, renonça à cette idée, et voulut, au contraire, par une ordonnance du 4 mars 1643, composer ses équipages de matelots n'ayant encore embarqué que sur les navires marchands, en rendant aux autres leur liberté[3]. Mais cette tentative,

---

1. En 1653, le jeune Duquesne arma encore une escadre à ses frais pour se joindre au duc de Vendôme.

2. *Extrait du code Michaut*, art. 41. — En présence du procureur du roy et ceux qui seront commis à cette fin, les juges dresseront dorénavant chaque année, au mois de décembre, sans prendre aucun avantage ni vacation, un état certain contenant les noms, surnoms et demeures de tous les capitaines, maîtres, conducteurs, pilotes, charpentiers, calfateurs, canonniers, matelots, mariniers et manœuvriers, et de tous les hommes qui font profession du métier de la mer, résidant en l'étendue de leur ressort et juridiction, le nombre des navires, etc.... Le tout sera envoyé à notre dit cousin le cardinal.

3. *Ordonnance du 4 mars 1643*. — De par le roy. Sur les remontrances à nous faites par les capitaines des vaisseaux de nostre armée navale et au-

suivie de plusieurs autres du même genre[1], ne réussit pas mieux que les précédentes.

En 1647, Mazarin, désirant prendre sa revanche contre l'Espagne de l'échec essuyé par les forces françaises sous les murs d'Orbitello, forma le projet d'enlever Piombino et Porto-Longone, et arma une flotte considérable, dont il confia le commandement au maréchal de la Meilleraye. A cette occasion, tous les capitaines partant des ports de Normandie et de Bretagne pour la pêche de la morue ou pour leur négoce, reçurent l'ordre de lever à leurs dépens chacun trois matelots qu'ils furent tenus de remettre aux officiers de port[2], et de s'abstenir « de troubler en aucune façon les capitaines des vaisseaux du roi dans la levée de leurs équipages, que Sa Majesté voulait être faite préférablement à tous autres[3]. » Ces expressions ne laissent aucun doute sur le mode d'exécution de ce qu'on appelait alors l'enrôlement. Aussi, après avoir vainement employé les moyens de rigueur pendant toute cette année, ou pensa que ces moyens pouvaient ne pas être étrangers à la désertion et à la disparition des gens de mer. Se tournant alors vers la voie de la douceur, on résolut de faire quelque chose pour rendre moins lourd le fardeau qui pesait

---

tres bourgeois, marchands et habitans des villes et bourgs de nostre royaume, situez le long des costes de la mer, de la difficulté qu'ils ont de faire leurs équipages de matelots et canonniers, pour servir tant sur nos vaisseaux que pour les voyages au long cours et autres qui se font pour le commerce et traffique des marchands, par le moyen des défenses que nous avons cy-devant faites auxdits matelots et canonniers qui se trouveroient avoir servy une fois en nos dites armées navales de ne plus s'embarquer sur aucun vaisseau marchand, n'y prendre party ailleurs qu'en nostre dite armée, ce qui leur donne sujet de se tenir cachez pendant le temps desdits armements ; et d'autant qu'il n'est pas raisonnable que lesdits matelots et canonniers soient ainsi contraints et retenus, et qu'il est juste aussi que ceux qui n'ont point encore servy sur nos dits vaisseaux y soient obligés, en les payant ainsi qu'il est accoutumé. A ces causes, nous voulons et ordonnons qu'il sera dorénavant loisible aux dits matelots et canonniers de nous servir en nos vaisseaux, ou dans ceux desdits marchands. Et au regard de ceux qui se trouveront n'avoir servy en nos dites armées navales, voulons qu'ils soient pris et arrêtez par lesdits capitaines en quelque lieu qu'ils soient, et les pourront rencontrer, nonobstant qu'ils fassent voir comme ils seront allouez pour voyages à des marchands et capitaines de navires, car tel est notre plaisir. Donné à Saint-Germain-en-Laye, le 4e jour de mars 1643.

Signé Louis. Et plus bas : Boutilhier.

1. Ordonnances des 5 décembre 1645 et 21 février 1647.
2. Ordonnances des 20 et 22 mars 1647.
3. Ordonnance du 5 mars 1647.

sur eux. L'ordonnance du 31 octobre 1647, la première où il soit question de priviléges, a, sous ce rapport, une telle importance, que nous n'hésitons pas à en reproduire ici un extrait :

« LOUIS, etc., à tous ceux qui ces présentes lettres verront, salut.

« Les habitans des paroisses voisines de la mer étants sujets à la garde de la côte pendant la guerre et au payement du droit de guet pendant la paix, les rois nos predecesseurs ont pris soin de les décharger des logemens de gens de guerre, payement d'estapes et de contribution ; et d'autant que les pilotes, mariniers, matelots et canonniers qui sont levés tous les ans pour servir en nos armées navales ont de plus grandes peines et fatigues que lesdits garde côtes, en ce que tous les ans ils vont et viennent de Ponant en Levant pour monter sur nos vaisseaux, et par conséquent doivent être traités aussi favorablement ; néanmoins les années dernières on a contraint leurs femmes au payement de la quotité des frais des estapes et logemens des gens de guerre et autres charges des villes qui les incommodent d'autant plus que n'ayant leurs maris pour leur gagner leurs vies, elles se trouvent le plus souvent réduites à mandier, ce qui rend les matelots et mariniers plus difficiles à sortir de leurs pays lorsqu'on veut les enroller pour notre service. Et pour éviter à l'avenir que, pendant qu'ils nous servent d'un côté, les femmes ne soient plus dans cette extrémité d'abandonner leurs maisons et demeures pour fuir la rigueur des contraintes qu'on leur fait pour le payement de leur cottité des frais d'estapes, logemens de gens de guerre, subsistance, et des autres charges des villes, desquelles nous avons jugé à propos de les exempter et decharger, afin de donner plus de moyens à tous les pilotes, mariniers, matelots, canonniers et tous autres qui serviront dorénavant dans nos armées navales d'être plus assidus et affectionnés au service. A ces causes et autres, etc., avons déchargé et exempté, déchargeons et exemptons, etc..., des contributions d'estapes, logemens des gens de guerre, guet et garde de la cote et autres charges des villes tous les pilotes, etc., qui ont été cette année enrollés et ceux qui le seront à l'avenir pendant tout le temps qu'ils serviront à nos armées navales.... Voulons en outre et nous plaît qu'après dix ans qu'ils auront servi sans interruption en nos armées navales ou dans les vaisseaux qui seront armez pour notre service et notre solde et commandés par les capitaines par nous entretenus en la marine à commencer en la présente année, soient exemptés desdites contributions, estapes et logemens de gens de guerre, encore qu'ils ne servent pas dans nos vaisseaux, après lesdites dix années expirées. »

Cette dernière disposition mérite une attention particulière, en ce qu'elle montre clairement qu'en outre des exemptions accordées depuis longtemps aux gardes-côtes, qui y avaient cependant des droits plus contestables, le roi était résolu à récompenser, par une faveur spéciale et réellement importante, les marins fidèles à son service pendant dix années consécutives. Il y avait là le germe d'une institution analogue à celle qui existe actuellement en Angleterre sous le nom de *Continuous service men*, et qui, à notre avis, eût été préférable au système des classes adopté en France; car, vu l'état d'imperfection et de désordre où se trouvait encore l'organisation de nos finances, il devait être plus facile de maintenir des exemptions que d'assurer le payement régulier de sommes considérables nécessaires à l'entretien des classes de service.

Les prescriptions salutaires édictées dans l'ordonnance de 1647 furent-elles suivies? Il est permis d'en douter si l'on considère la mauvaise volonté des gens de mer, que les documents postérieurs nous montrent augmentant tous les jours, en même temps qu'ils l'expliquent en déclarant que la bonne foi n'était pas gardée vis-à-vis des équipages, que les capitaines, chargés de lever eux-mêmes leurs matelots, recevaient de l'argent pour exempter les meilleurs d'entre eux, que l'industrie maritime était sans cesse troublée par la fermeture des ports et par les razzias que l'on faisait, au besoin, à bord des navires de commerce sur le point de mettre à la voile. D'autres causes contribuaient encore à éloigner les matelots du service militaire; la guerre maritime n'offrait plus les mêmes chances que par le passé; beaucoup de navires, incendiés ou coulés par les projectiles, s'abîmaient avec leurs cargaisons; le pillage était plus sévèrement réprimé; enfin, à bord des bâtiments de l'État, les pénalités étaient excessives et poussées jusqu'à la cruauté. N'est-il pas facile de comprendre que les marins cherchassent à fuir, par tous les moyens possibles, l'embarquement sur les vaisseaux, où ils se voyaient exposés, sans espoir de profit, à des rigueurs et à des dangers de toute sorte? le service du roi les réduisait toujours à la misère et les affligeait le plus souvent de blessures incurables, dont ils n'avaient à attendre aucun soulagement.

II

Nous avons essayé d'indiquer l'origine de cette question du recrutement des équipages, qui tient une si large place dans notre histoire maritime, et nous l'avons montrée naissant avec l'unification de la monarchie, grandissant à mesure que les constructions navales se transforment sous l'influence des progrès de l'artillerie, résistant aux efforts que rendent stériles des guerres meurtrières au dehors, au dedans l'anarchie, la dilapidation des finances, l'absence d'une direction ferme et persévérante. Lorsque Louis XIV eut pris les rênes de l'État, les choses changèrent bientôt de face. Six mois après la mort de Mazarin, Colbert se trouva, malgré la création d'un conseil de finances, effectivement chargé de l'administration des deniers publics, et ses rapports journaliers avec les intendants du royaume ne tardèrent pas à mettre sous ses yeux les questions relatives à la marine, dont les dépenses n'étaient rien moins que faciles à contrôler. Les capitaines, chargés d'en payer eux-mêmes une grande partie pour la solde et les vivres, se souciaient peu de rendre des comptes. Les chefs, qui ne s'entendaient pas toujours ensemble, s'accordaient plus rarement encore avec les intendants, considérés par eux comme des ennemis naturels[1]; plus que tous les autres, le duc de Beaufort, investi, après la mort de son père, César de Vendôme, de la charge de surintendant de la navigation et des fonctions d'amiral, s'irritait contre les obstacles que l'administration opposait souvent à l'accomplissement de sa volonté despotique.

Le premier soin de Colbert est, à cette époque, de pourvoir et de veiller au payement régulier des matelots embarqués sur les escadres armées depuis 1660 pour réprimer les pirateries des régences barbaresques. Pendant plusieurs années, les expéditions contre les Algériens et les Tripolitains, dans lesquelles se signalent de Paul, d'Hocquincourt, des Ardens et Tourville, qui, jeune encore, prélude à sa brillante

---

1. Dépêche de Colbert à M. de la Guette, 1662.

carrière, sont l'unique occupation de nos forces navales. Mais, en 1666, la lutte se ranimant de plus belle entre la Hollande et l'Angleterre, la France, engagée par un traité d'alliance à secourir les Provinces-Unies, prend enfin le parti d'entrer dans la lice. Le contrôleur général, spécialement chargé, dans cette circonstance, de la correspondance concernant la marine[1], imprime immédiatement le cachet de son intelligence à l'administration confiée à ses soins, et s'attache aux moindres détails, dont aucun n'est sans importance à ses yeux. Obligé de faire fermer les ports pour se procurer des matelots[2], il se préoccupe des conséquences fâcheuses d'une pareille mesure au point de vue du commerce, qui est, dit-il, « la source de la finance, laquelle est le nerf de la guerre[3]. » Le projet d'affranchir le royaume de ces calamités périodiques, en procurant au roi des marins de bonne volonté, se forme dès ce moment dans son esprit; pour le réaliser, il n'hésite pas à entrer en guerre ouverte avec tous les officiers généraux de la marine, à tenir tête au duc de Beaufort lui-même, malgré la haute dignité dont il est revêtu; et nous retrouvons plus envenimée, en 1666, la lutte dont nous avons signalé déjà les premiers symptômes en 1662. M. d'Infreville, successeur de M. de la Guette à l'intendance du Levant, ayant eu l'idée de faire payer les équipages à la Banque, c'est-à-dire chez le trésorier, Colbert lui écrit aussitôt : « La meilleure nouvelle que le roy pouvait recevoir a esté celle de l'establissement que vous avez fait sur les vaisseaux de Sa Majesté, de payer les équipages à la Banque, en surmontant toutes les difficultés que les capitaines y faisaient naître. Sa Majesté m'ordonne de vous dire, sur ce sujet, que, comme c'est un ouvrage de vostre main, et qui vous acquiert beaucoup de mérite auprès d'elle, elle s'asseure que vous ferez toutes sortes d'efforts pour le maintenir[4]. » Quelques jours après, il l'encourage encore en lui disant que « les matelots auxquels il était deub diverses *monstres* (campagnes), donnent mil benedictions au roy de les avoir fait payer[5], et que Sa Majesté s'est

---

1. Circulaire au duc de Beaufort et aux intendants.
2. Ordonnance du 17 décembre 1665, sur l'enrôlement général de la fermeture des ports de Poitou et Xaintonge.
3. Lettre du 11 janvier 1666.
4. Lettre du 15 janvier 1666.
5. Lettre du 22 janvier 1666.

si fortement expliquée avec M. le duc de Beaufort sur ce sujet, qu'il n'y mettra plus de resistance[1]. »

La campagne de 1666 ne répondit pas aux préparatifs qui avaient été faits. L'amiral, parti de Toulon à la tête d'une flotte qui devait, y compris les forces réunies dans l'Océan, se composer de 34 vaisseaux portant 1158 canons et 10 556 hommes d'équipage, n'arriva pas assez à temps dans la Manche pour secourir les Hollandais. La difficulté de trouver des matelots ne fut pas étrangère à ce retard, dont les États généraux se plaignirent amèrement. L'historien Larrey va même jusqu'à soutenir que, dans l'espace de trois mois, on n'avait pu parvenir à compléter les équipages de trois vais- seaux. Cette assertion nous paraît cependant exagérée, et nous voyons, dans une lettre de reproches adressée par le roi à son cousin, le duc de Beaufort[2], que la mauvaise volonté de ce dernier, sa haine pour tout ce qui était commissaire ou intendant de marine, furent pour beaucoup dans l'insuccès de cette expédition. Toujours est-il que Colbert chercha à assurer par des moyens plus efficaces le recrutement des équipages. Il donna l'ordre de conserver à la demi-solde la meilleure partie des marins de la flotte; et, en prescrivant de nouveau, vers la fin de l'année 1666, la fermeture des ports dans tout le royaume, il chargea Nicolas de La Reynie, maître des requêtes, de faire une inspection générale dans les arse- naux et dans les amirautés. D'après les instructions qui lui furent remises[3], ce magistrat devait s'attacher surtout à ré- former les abus commis dans ces juridictions, « afin que les gens de mer, estant persuadés qu'ils recevront à l'avenir bonne et briève justice, ils puissent s'adonner avec plus de facilité et de succès à la navigation, et en attirer d'autres par ce moyen. » Il devait, en outre, faire l'enrôlement des marins du royaume, et chercher les moyens de les augmenter en leur accordant des priviléges. Colbert proposait de donner, à tous ceux qui voudraient s'enrôler au service du roi pour une période de trois ou quatre ans, 5 sols par jour pendant le temps qu'ils resteraient à terre, avec la permission de se li- vrer à la pêche le long des côtes; c'était la première idée de

---

1. Lettre du mois de février.
2. Lettre du roi au duc de Beaufort du 20 octobre 1666.
3. Mémoire conservé aux archives de la marine.

la demi-solde, qui demeura toujours, à ses yeux, la pierre angulaire de son système. Il ordonnait en même temps, aux sujets du roi engagés en grand nombre au service des princes étrangers, de rentrer en France, où des avantages particuliers devaient récompenser leur obéissance. « La bonne foy, dit Colbert, étant désormais bien établie par le payement de la solde qui s'est fait régulièrement depuis déjà quatre ans, nous promettons auxdits sujets de leur continuer les mêmes gages qu'ils reçoivent des étrangers, et de les exempter des tailles pour toute leur vie, en cas qu'ils soient demeurant en lieux taillables. » Cette exemption des tailles devait même s'étendre à tous les matelots actuellement embarqués, qui consentiraient à contracter un engagement de deux ou trois années; et, pour augmenter le nombre des gens de mer adonnés à la navigation marchande, il était en outre question de leur accorder des grâces, en obligeant toutefois « les maistres et capitaines de bâtiments à prendre toujours deux jeunes garçons à leur bord pour apprendre leur métier, pour chaque centaine de tonneaux du port de leurs vaisseaux. »

Les fonctions de lieutenant de police de la ville de Paris, auxquelles La Reynie fut appelé peu de mois après, ne lui permirent pas d'accomplir une mission si vaste. Quoique privé de ses services, Colbert n'en poursuivit pas moins la réalisation de son programme, au milieu des difficultés sans nombre que lui suscitaient les besoins toujours pressants de la guerre maritime. L'ordonnance d'amnistie fut publiée le 20 février 1667, mais sans les exemptions et priviléges qui auraient puissamment contribué à ramener les déserteurs, aussi peu empressés à rentrer en France que les marins des côtes à s'enrôler au service du roi. « Ceux-ci, dit une ordonnance du 4 mars, vont jusqu'à refuser ce qu'ils devraient considérer comme un avantage; et, dans le but d'éviter l'engagement qui leur est proposé, ils s'absentent des lieux de leur ordinaire demeure, pour se retirer dans d'autres plus éloignés, où ils se tiennent cachés, ce qui ne peut être attribué qu'au peu de zèle et d'affection qu'ils ont pour le service. A quoi désirant pourvoir, Sadite Majesté veut et ordonne qu'en cas que lesdits capitaines de ses vaisseaux trouvent de la résistance, de la part des matelots, à s'engager volontairement avec eux à son service, ils ayent à les y contraindre par toutes voies.... comme aussi saisir et annoter leurs biens,

pour servir au remboursement des frais que lesdits capitaines
pourront avoir faits à leur occasion. » Au même moment,
l'ordre était donné de s'emparer, au Havre, à Honfleur et à
Dieppe, de tous les marins appartenant à une flotte marchande qui revenait de la mer[1], et le roi prescrivait, à
M. d'Estrade, ambassadeur près des États généraux, de demander à cette puissance la permission d'embarquer de
force, sur les vaisseaux qu'il venait de faire construire en
Hollande, les matelots des navires de commerce français sta-
tionnés dans ce pays.

Ces mesures jointes à la fermeture des ports strictement
maintenue depuis plusieurs mois n'étaient guère propres à
augmenter le commerce ni la classe des gens de mer, non
plus qu'à attirer les matelots au service du roi. Colbert ne les
employait pas sans un vif regret, comprenant bien le tort
manifeste qu'elles faisaient à ses projets de réorganisation.
Il semble d'ailleurs que le découragement se soit emparé de
lui vers cette époque, car prétextant ses trop nombreuses
occupations, il sollicita du roi la permission de remettre à
M. de Lionne les affaires de la marine. Heureusement pour
la France, celui-ci refusa la nouvelle charge qu'on voulait lui
imposer, alléguant qu'il s'était fait un devoir d'écrire de sa
propre main toutes les dépêches adressées aux ambassadeurs,
et que le soin des affaires extérieures occupait tous ses mo-
ments. Il ajouta dans le conseil du roi, que M. Colbert s'était
acquis déjà une grande expérience des choses de la marine et
qu'il devait en garder la direction. Le compliment était trop
vrai et trop flatteur pour ne pas triompher de la résistance
du conseiller intime de Louis XIV, qui, aux termes d'un rè-
glement rédigé séance tenante (11 mai 1667), demeura chargé
de la correspondance sur la marine, les haras, les fortifica-
tions, les places de terre et de mer, les vivres des armées et
garnisons; les ordres du roi sur ces matières durent être,
comme par le passé, remis sous cachet volant aux secrétaires d'État qu'ils concernaient, et revêtus de leur contre-
seing.

Les flottes ne firent rien de remarquable en 1667. Les né-
gociations pendantes depuis longtemps se terminèrent par la
paix signée à Breda, le 31 juillet, entre la France, la Hollande

---

1. Ordre du roi du mois de janvier 1667.

et l'Angleterre, et Colbert profita du désarmement des vaisseaux pour tenter un nouvel effort vers le but qu'il se proposait. Ce but était plutôt alors d'entretenir en permanence un nombre de matelots suffisant que de faire des levées nouvelles à chaque armement. « En même temps que le désarmement se fera, écrivait-il au duc de Beaufort, le 14 août 1667, Sa Majesté veut qu'il soit publié que tous les matelots qui voudront s'enroller pour servir dans les armées pour deux ou trois années seront entretenus sur le pied de la solde dont il sera convenu avec eux, et qui leur sera fournie en même temps que les vivres, pendant le temps de huict mois de chacune année, et il leur sera payé la moitié de leur solde pendant les quatre mois qu'ils auront la liberté de demeurer dans leurs maisons. Et comme Sa Majesté est bien informée que les capitaines peuvent beaucoup contribuer à engager leurs équipages à s'enroller, elle veut que les capitaines qui réussiront à faire enroller leurs équipages soient entretenus pendant trois années, et que leurs appointements entiers leurs soient payez et mesme qu'ils soient préférés au commandement des vaisseaux qu'elle veut mettre à présent en mer. »

L'idée de la demi-solde commence à se dégager ici d'une manière plus apparente. La classe de service se constitue; mais au lieu de comprendre tous les gens de mer, requis à tour de rôle pendant une année sur trois, elle se compose seulement de matelots consentant à servir volontairement pendant un certain laps de temps.

La guerre continuant avec l'Espagne qui refusait d'abandonner les Flandres, on arma, au commencement de 1668, une flotte de 24 vaisseaux dont les équipages, en partie conservés à la demi-solde pendant l'hiver, furent complétés par des levées pour lesquelles les moyens coercitifs ne furent pas épargnés[1]. Bientôt cependant, ces préparatifs devinrent inutiles : au mois de mai, le Portugal, satisfait du résultat qu'il avait obtenu avec le secours de nos troupes, commandées par le maréchal de Schomberg, déposa les armes; deux mois après, le traité d'Aix-la-Chapelle assura à la France une partie de ses rapides conquêtes, et notre flotte, à peine sortie, regagna ses ports.

---

1. Lettre du 31 décembre 1667 au duc de Beaufort.

Nous nous retrouvions donc en paix avec toute l'Europe, et c'était le moment, ou jamais, de travailler activement à cette organisation du personnel naval, en vue de laquelle Colbert continuait à préparer sagement le terrain. Parvenu, non sans peine, à payer exactement les marins, il s'était occupé de faire cesser les brutalités dont ces malheureux se voyaient trop souvent victimes à bord des navires de guerre. A cet effet, Colbert de Terron avait reçu du roi la mission de faire une enquête sur la conduite des capitaines accusés hautement par le bruit public[1]. Ce n'était là toutefois que le prélude de l'action qui allait bientôt se développer. Depuis peu de temps, on avait essayé dans certaines communes des gouvernements de la Rochelle, Brouage et Iles de Saintonge, de faire la répartition des matelots par classes[2]. Cette idée, probablement appliquée déjà à une époque antérieure, parut répondre alors aux nécessités de la situation[3]; et, le 9 août 1668, M. Pellot, intendant de Guyenne, reçut, dans une longue dépêche, l'ordre formel d'entreprendre immédiatement le rôle et dénombrement de tous les mariniers des paroisses maritimes du pays de Labour, rivière de Bordeaux et autres siéges des amirautés de Bordeaux et de Bayonne, pour être partagés en trois classes, « l'une desquelles serait obligée et engagée de servir chaque année sur les vaisseaux. Et comme je désire, ajoutait le roi, qu'ils soient favorablement traités en cette considération, vous les asseurerez qu'on leur donnera demie paye l'année de leur service, encore qu'ils ne soient pas sur mes vaisseaux, et la paye ordinaire quand ils serviront; voulant d'ailleurs que, dans les pays de taille personnelle, ils soient soulagés autant qu'il se pourra, la dite année de leur service, des impositions des tailles, et que, dans tous les pays de vostre département, ils soient déchargés des logements des gens de guerre, des charges de collecte, tutelle, curatelle, séquestre et autres charges pupliques, ce que vous devez leur faire entendre. »

---

1. Lettre du roi à Colbert de Terron, 3 juin 1668.

2. Préambule de l'ordonnance du 22 septembre 1668.

3. Déjà, en 1662, plusieurs communes de Provence, obligées par un arrêt de fournir annuellement un nombre déterminé de matelots ou de se libérer en argent, avaient préféré réunir leurs contingents (Dépêche de Colbert, du 11 novembre 1662), et il est probable, quoique notre opinion à cet égard ne s'appuie sur aucun document authentique, que des tours réguliers de service avaient été dès ce moment établis.

Des lettres semblables furent adressées le même jour au maréchal de Grammont, gouverneur de Gascogne, à M. de Saint-Luc, lieutenant général de Guyenne, au sénéchal du pays de Labour, ainsi qu'aux jurats de Bordeaux, Bayonne et Saint-Jean-de-Luz. Cinq semaines après l'envoi de ces dépêches, le 22 septembre, la première ordonnance sur les classes fut publiée dans les départements. On n'y remarque, à la vérité, aucune mention de la demi-solde ni des exemptions projetées ; mais cette omission, motivée dans le libellé même du document[1], ne devait pas tarder à être réparée en partie au moins, car pour les tailles il n'en fut jamais plus question.

Ici se termine la seconde phase de l'organisation des équipages. Après des tâtonnements sans nombre, le système des classes apparaît enfin, au moment où Colbert, nommé secrétaire d'État, va être revêtu titulairement des fonctions de ministre de la marine, et recevoir les pouvoirs les plus étendus pour fonder l'institution destinée à porter son nom.

III

La première lettre écrite par le nouveau secrétaire d'État, le jour même où cette haute fonction lui était accordée par le roi[2], concerne les classes. On y voit que l'enrôlement s'est opéré dans l'Aunis, que le marquis de Grancey a établi le même ordre du côté de Royan, et qu'il sera bon de faire, en son temps, un travail analogue dans les autres provinces. L'ordonnance du 22 septembre 1668 n'a pas été généralement exécutée ; Colbert comprend qu'il y a dans cet ordre d'idées quelque chose de plus sérieux à faire ; mais il ne se sent pas encore suffisamment éclairé. Il discute, médite différents mé-

---

1. « Sa Majesté, est-il dit, se réservant de pourvoir à la solde et subsistances desdits mariniers et matelots qui auront à servir sur ses vaisseaux, après que les rôles en auront été faits et qu'elle aura fait examiner de quel nombre d'hommes elle pourra faire état pour chaque année. »

2. Colbert ne fut chargé en titre de la marine que le 7 mars 1669 ; mais, le 18 février, le roi lui avait accordé la charge de secrétaire d'État de du Plessis-Guenegaud (*Correspondance de Colbert*, publiée sous les auspices du ministère des finances, par M. Pierre Clément), et c'est ce même jour que fut écrite, à Colbert de Terron, la lettre à laquelle nous faisons allusion.

moires que les fonctionnaires des provinces et des départements lui envoient à ce sujet : « Je conviens avec vous, écrit-il
à M. de Seuil, commissaire à Brest[1], que le plus sûr moyen
pour remédier aux malversations commises pendant la levée
des équipages serait de faire une description générale des
gens de mer de la province, d'obliger les communautés à
fournir le tiers des leurs, toutes fois et quantes Sa Majesté
voudrait faire quelque armement, laissant la liberté aux deux
autres tiers de naviguer pour les marchands; mais le temps
n'est pas propre à présent pour y vacquer. » Le 1er juin, il
remercie le marquis de Coetlogon d'un projet qu'il a pris la
peine de lui adresser au sujet de l'enrôlement général des
matelots dans la province de Bretagne; il en a rendu compte
au roi « qui a dessein de travailler bientôt à cette affaire, la
plus importante sans contredit de toutes celles qui regardent
la marine. » « D'un autre côté, dit-il encore quelques mois
après[2], le matelot a peu d'attraits pour le service du roy. Il
n'y en a pas un qui ne donne volontiers trois ou quatre pis-
tolles et encore davantage pour s'exempter du service; » il
faut donc les contraindre. D'autre part, la conséquence inévitable de cette contrainte doit être d'accroître la désertion et la
diminution d'une classe d'hommes indispensables; Colbert le
sent bien et il voudrait arriver à se procurer des marins de
bonne volonté, ou au moins à faire envisager le service du
roi comme une charge moins lourde, eu égard aux avantages
et aux priviléges de toute sorte qui y seraient attachés.

Pendant toute la durée de son administration, il flotte
continuellement entre la douceur et la sévérité, sans réussir
à résoudre le problème qu'il s'est posé, ni à en concilier les
éléments contradictoires. C'est ainsi qu'au commencement
de mars, il adresse au duc de Beaufort qui, impatient de ter-
miner l'armement de la flotte destinée à faire le siége de
Candie, sollicitait l'autorisation de fermer les ports de Provence, les recommandations les plus pressantes pour lui dire
de ne recourir à cette extrémité que dans le cas d'une absolue nécessité, de tenir la main à ce que les capitaines traitent
bien leurs équipages, afin que le service devienne volontaire,
et de congédier tous les matelots ponantais qui sont sur les
vaisseaux depuis deux, trois, quatre ans, « n'y ayant rien qui

1. Lettre du 8 mars 1669.
2. Lettre à M. de Seuil du 22 novembre 1669.

les dégoûte tant du service qu'un séjour si long et la force qu'on emploie pour les retenir. » Mais quelques mois se sont à peine écoulés, que le ministre est réduit lui-même à employer la force. En Provence, pour l'armement d'une escadre de 5 vaisseaux et d'un brûlot, confiée à M. de Martel et destinée à chasser les corsaires barbaresques[1]; à Brest, pour les vaisseaux du commandeur de Verdille[2], il prescrit de contraindre les matelots les plus rebelles en logeant chez eux des garnisons de soldats. Ces mesures, il le sait, sont vexatoires, irritantes, ruineuses, pour le pauvre peuple; aussi ne peut-il les prescrire sans que l'établissement des classes ne se représente vivement à son esprit, comme le seul remède à un état de choses si funeste. En septembre 1669, il envoie à MM. de Terron et de Seuil, ainsi qu'aux lieutenants généraux de Bretagne, de Poitou et de Normandie[3], des ordres formels pour y travailler sans délai et sur toutes les côtes à la fois[4], tandis qu'une nouvelle ordonnance[5], affichée et publiée dans les communes, fait connaître aux matelots « les avantages que doit leur procurer le service du roy, et les sacrifices que l'Estat consent à faire pour ne plus interrompre, comme par le passé, le commerce des particuliers. » On leur promettait de nouveau de les payer exactement de leur solde, et de les nourrir de « bons vivres embarqués sur les vaisseaux par les soins des commissaires de marine[6]; de leur donner un mois de solde à titre de frais de conduite, lorsque, étant domiciliés en Bretagne, ils seraient congédiés dans le Levant; enfin, de leur payer la demi-solde pendant tout le temps de leur année de service où ils ne seraient pas embarqués[7]. » A la

---

1. Lettre à M. d'Infreville, 11 juin 1669.

2. Lettre à M. de Seuil, 24 avril.

3. Instruction aux lieutenants généraux, 4 septembre 1669.

4. Lettre à M. de Terron du 7 septembre, et à M. de Seuil du 24 septembre.

5. Ordonnancé du 4 septembre 669.

6. Jusque-là, les capitaines avaient été chargés de la nourriture des équipages, et Colbert essayait alors d'établir des munitionnaires à bord ; il lui fallut surmonter, pour y parvenir, de grandes difficultés, devant lesquelles il fut sur le point de reculer.

7. La demi-solde avait été accordée à différentes reprises, ainsi que nous l'avons vu, mais transitoirement et seulement aux matelots que l'on voulait garder pendant l'hiver. Colbert nous apprend, dans un mémoire écrit de sa main, qu'en dernier lieu M. Matharel, successeur de M. d'Infreville à l'intendance de Toulon, avait eu l'idée d'employer quelque argent à payer

perspective de ces faveurs, Colbert ne craignait pas d'ajouter quelques considérations rappelant le *Compelle intrare* de la parabole. Il ordonnait, par exemple, de publier que le roi ferait recommencer tous les six mois le travail de l'enrôlement, et que tous les matelots non inscrits la première fois « seraient obligés à double service et même à plus grand[1]. » Il défendait, en outre, aux marchands d'employer des matelots qui ne seraient pas enrôlés, faisant répandre le bruit que les navires de guerre visiteraient à l'avenir tous les bâtiments de commerce, pour s'assurer de la stricte exécution de cet ordre[2]; et lorsqu'un mois après il chargea M. d'Oppède, président au parlement d'Aix, d'établir, de concert avec le commissaire Brodart, le régime des classes en Provence, il lui signala ces mesures comme ayant facilité et accéléré singulièrement l'opération en Ponant, où sur le refus des marchands de prendre des matelots non inscrits, ceux-ci avaient été obligés de se présenter tous[3].

L'année 1669 vit donc en pleine activité, dans les provinces de l'ouest, le travail de l'enrôlement, dont Colbert suivait minutieusement les détails, exigeant que les commissaires lui rendissent compte de leurs progrès au moins une fois par semaine. Ce travail ne formait cependant encore qu'une partie du système qu'il avait conçu, car, le 2 décembre 1669, il envoyait à Colbert de Terron deux mémoires écrits en entier de sa main, et dans lesquels il lui expliquait le projet formé par le roi de créer un corps fixe de marine, caserné dans les ports, et composé de 6000 soldats[4], répartis dans deux régiments, non compris, 1000, 1200 et jusqu'à 2000 canonniers. Les régiments, organisés immédiatement, prirent le nom de *Royal de Marine,* et d'*Amiral* ou *Vermandois.* Les officiers des compagnies étaient appelés à faire le service sur les vaisseaux, et à devenir, dans la suite, officiers de marine, lorsqu'ils auraient acquis une instruction suffisante. Les 2000 canonniers, recrutés moitié parmi les sol-

---

la demi-solde à la classe de service. L'ordonnance de 1669 consacra cette coutume comme un droit définitivement acquis aux gens de mer.

1. Lettre à M. de Seuil du 22 novembre 1669.
2. Lettre au même du 6 décembre.
3. Lettre à M. d'Oppède du 7 janvier 1670.
4. Ce chiffre de 6000 soldats est indiqué dans un mémoire de 1682, dont nous donnons plus loin des extraits.

dats, moitié parmi les matelots, devaient être commandés, en
Levant et en Ponant, par deux colonels d'artillerie, et embarqués sur les vaisseaux pour s'y exercer à la manœuvre
des canons et pour les garder dans les ports. La plus grande
difficulté que prévoyait alors Colbert consistait à se procurer
de bons officiers pour commander ces troupes. Il espérait
cependant en trouver, avec le temps, jusqu'à 600 ; mais
Le Tellier et Louvois lui épargnèrent ce soin, et leur esprit
jaloux et ambitieux, fut l'obstacle imprévu devant lequel il
lui fallut céder.

Un mémoire du temps, conservé aux archives de la marine[1], donne de curieux détails sur cet épisode : « Colbert
avait à peine commencé de destiner les commissions pour
ces régiments, que MM. Le Tellier et Louvois lui représen-
tèrent, ainsi qu'au roi lui-même, que cet établissement, qui
était nouveau, faisait tort à leurs charges, et qu'en cas qu'il
plût à Sa Majesté d'employer des régiments d'infanterie sur
ses vaisseaux, c'était à eux à en destiner les commissions.
M. Colbert, par un esprit de déférence pour M. Le Tellier et
de modestie dans les choses qui le regardent, supplia luy-
même le roi de remettre les commissions au secrétaire
d'Estat de la guerre, ce qui fut exécuté ensuite. Ces régiments ne laissèrent pas d'être destinés à servir sur les vaisseaux, et les commissions qui avaient été destinées par
M. Colbert, au nombre de huit ou dix, subsistèrent. Mais
comme ces officiers reconnurent le secrétaire d'Estat de la
guerre, et qu'ils furent séparés du corps de la marine, où ils
étaient entrés d'abord avec beaucoup d'avantages, s'en
trouvant déchus, ils y servirent avec dégoût, et prirent un
esprit tout contraire à la discipline et au service de la mer.
Ils vivaient avec licence dans les bords, témoignant toujours
peu de déférence pour les capitaines des vaisseaux. Il y eut
quelques compagnies embarquées pour les Indes dans l'escadre que commandait M. de la Haye. Le régiment Royal de
marine servait en Ponant et celui de Vermandois dans la
Méditerranée. Mais les démêlés et les incommodités que l'on
éprouva dans les deux campagnes de 1670, qui ne finirent
qu'au mois de mars 1671, obligèrent le roy de remettre ces
régiments entièrement au service de terre, et de faire lever

----

1. Mémoire de 1682, transcrit dans les registres de correspondance du
comte d'Estrées.

les soldats pour les vaisseaux comme il s'était pratiqué jus-
ques-là à chaque armement, et les licencier après[1]. » La
résistance du secrétaire d'Etat de la guerre exerça dans cette
circonstance une influence des plus fâcheuses sur l'organisation de la marine, neutralisa les efforts de Colbert pour créer
des équipages permanents, et lui suscita des embarras qu'il
ne réussit pas à surmonter.

L'année 1670 s'ouvre par l'établissement des classes en Provence, auquel le départ d'une escadre sous les ordres de M. de
Martel permet de travailler activement. Au bout de trois mois,
cette opération est heureusement terminée; 10 500 matelots,
répartis en trois classes, sont venus volontairement se faire
inscrire, et, au mois de mai, un édit solennel, daté de Tour-
nai et enregistré au Parlement de Provence, vient consacrer
la nouvelle institution et en régler les détails, ainsi que l'avait
fait pour la Bretagne un édit semblable, promulgué le 5 mars.
Sans toutefois se faire illusion sur les soins et les remanie-
ments indispensables pendant longtemps encore au perfec-
tionnement de son œuvre, Colbert commence dès lors à prendre une plus grande confiance dans ses résultats futurs, et il
songe déjà à la propager dans les provinces de Normandie
et de Picardie : « J'espère, écrit-il à son cousin, que cet établissement se fera grand et considérable[2]. »

Arrêtons-nous un instant nous-même pour l'examiner dans
son ensemble, en résumer l'économie générale et faire res-
sortir les principes constitutifs renfermés dans les édits et
ordonnances publiés à cette époque.

Les provinces maritimes étaient divisées en départements,
dans chacun desquels un commissaire devait tenir le rôle
des marins[3]. Placés sous les ordres directs des intendants et
des commissaires généraux des ports, ces agents étaient as-

---

1. Ce récit caractéristique constate merveilleusement l'incompatibilité qui
a toujours existé entre les administrations de la guerre et de la marine, et
il condamne, à nos yeux, certaines velléités qui se produisent encore de
nos jours dans le but de rendre à la guerre, pour les lui emprunter ensuite,
les corps exclusivement militaires que la marine emploie.

2. Lettre à Colbert de Terron du 15 avril 1670.

3. En l'absence de commissaire résidant dans les départements, les rôles
les mieux faits devenaient inexacts au bout de peu de temps, faute d'être
tenus à jour. C'est ce qui explique le grand nombre d'ordonnances au sujet
des enrôlements, et la nécessité où on avait été jusque-là, et où l'on fut
encore dans la suite, de refaire continuellement ces opérations.

sistés et protégés par les gouverneurs et les lieutenants généraux, qui, en Bretagne, en Normandie, en Languedoc, prirent une part très-active au travail de l'enrôlement et à la
prompte exécution des levées. Les matelots, répartis en trois,
quatre ou cinq classes, suivant leur nombre et les besoins
des armements, étaient de service tour à tour pendant une
année, dont ils devaient passer la moitié au moins sur les
vaisseaux du roi, avec solde entière. Le reste du temps, ils
recevaient dans leurs communes une demi-solde, et étaient
autorisés à naviguer pour le commerce, lorsqu'on ne prévoyait pas avoir besoin d'eux ; « mais pour traiter d'autant
plus favorablement lesdits matelots, est-il dit dans l'édit pour
l'enrôlement en Bretagne, et pour les rendre plus affectionnés à notre service, nous voulons qu'il y ait ordinairement et
perpétuellement à notre solde, dans ladite province, le nombre de 3 à 4000 matelots et gens de mer. » Enfin à l'exception des tailles, les priviléges les plus étendus étaient accordés aux classes de service, et l'ordonnance du 19 avril 1670
affranchit tous les maîtres de barques, pêcheurs et traîneurs
de seines du service sur les vaisseaux, à la charge par eux
d'entretenir un garçon de bord de quinze à vingt ans. A peine
l'enrôlement était-il terminé en Provence, en Bretagne et en
Guyenne, que des fonds furent envoyés pour payer la demi-
solde à la classe de service[1]. Cette ponctualité produisit les
plus heureux résultats, et Colbert la recommanda à différentes reprises, comme le plus sûr moyen de détruire les préju-
gés contre l'enrôlement général, et d'obtenir des matelots
cette bonne volonté à laquelle il attachait un si grand prix.
« Il n'y a pas de doute, écrivait-il le 19 juillet 1670, à M. d'Ar-
gouge, président au parlement de Bretagne, que les gens de
mer, se voyant régulièrement payés de la demi-solde à terre
et de la solde entière à la mer, et maintenus dans leurs priviléges, ils recherchent le service des vaisseaux de Sa Majesté. »
Ce payement était d'ailleurs, à ses yeux, le seul moyen légal
de consacrer leur engagement et d'autoriser, au besoin, leur
punition comme déserteurs[2].

L'occasion se présenta bientôt d'expérimenter le nouveau

---

1. Lettres à M. d'Oppède du 5 juillet 1670, à M. de Seuil du 9 juillet, à
Brodart du 26 juillet.

2. Mémoire adressé à M. Arnoul en 1671.

régime. Deux escadres armèrent à Brest et à Toulon, sous les ordres du comte d'Estrées et du duc de Vivonne. A l'exception du Languedoc et des pays Basques, où l'enrôlement éprouva pendant longtemps une très-vive résistance; et de la ville de Martigues, qui fut le théâtre d'une sédition[1], les levées se firent partout avec la plus grande facilité. Dans certains départements, les commissaires écrivirent que cette institution semblait y avoir existé de tout temps, tant elle fonctionnait régulièrement[2]. Vers la fin de l'année, les projets agressifs de Louis XIV contre l'Espagne et la Hollande commencèrent à se dessiner. Dès le mois d'octobre, c'est-à-dire six mois avant l'époque de leur service et le payement de leur demi-solde, les matelots de la seconde classe durent s'abstenir de naviguer au long cours. Contre les prévisions et malgré les préparatifs qui avaient été faits, aucun événement maritime ne signala le cours de cette année, et Colbert mit le temps à profit pour perfectionner son système. Les levées faites en Provence pour armer, au commencement d'avril 1671, neuf vaisseaux sous les ordres de d'Almeras, avaient moins bien réussi que la première fois. A Marseille, à Saint-Chamas, les marins s'étaient cachés et réfugiés en grand nombre dans le Languedoc[3]. Le ministre après s'être félicité tout d'abord du résultat général de l'opération, témoigne cependant, dans des dépêches postérieures, l'espoir « qu'on n'aura plus à l'avenir, la même peine qu'on a eue jusqu'à présent pour faire trouver les matelots dans les ports au jour qui leur aura été ordonné. » Il cherche également à établir un mode régulier pour lever les soldats, qui comptaient alors pour un tiers dans les équipages. Obligé de renoncer aux deux régiments de marine, détournés de leur premier emploi par Le Tellier, il propose aux intendants un nouveau plan[4], qui consiste à entretenir toujours le nombre de soldats nécessaires pour armer vingt vaisseaux que le roi veut conserver en temps de paix. Ces soldats ne devaient former qu'une classe[5], ceux dont on ne se servirait pas restant chez eux en demi-solde et les autres, employés aux travaux des ports, étant logés, moyen-

---

1. Lettre à Brodart du 5 septembre.
2. Lettre au commissaire Lortie à Antibes, 11 septembre.
3. Lettres à M. d'Oppède des 27 mars, 24 avril, 16 mai 1671.
4. Mémoire du 7 juin 1671.
5. Lettre à M. de Terron du 2 février.

nant quelque indemnité, chez les habitants des villages environnant les arsenaux, et ne paraissant jamais ensemble ni en armes dans les rues des villes. On espérait arriver ainsi à composer un corps de bons sujets, qui s'accoutumeraient à la manœuvre des canons et aux autres manœuvres des vaisseaux dans les gros temps, peut-être même à recruter parmi eux de bons matelots.

Après s'être occupé des soldats, Colbert songe de nouveau aux canonniers, médiocres et peu nombreux dans les classes, tandis que les Anglais en possèdent d'excellents, et il se propose, à leur égard, de trouver « un capitaine ou un lieutenant, le plus entendu et le plus appliqué qu'il y ait dans tous les officiers de la marine, de le faire commissaire général de l'artillerie de la marine avec 2000 livres d'appointements ordinaires, et d'enrôler tous les canonniers qui se trouvent dans les ports, en les employant, en temps de paix, comme gardiens, de préférence aux simples matelots[1]. »

Le temps s'écoule rapidement dans l'étude de ces diverses combinaisons ; les mois se succèdent sans apporter aucune amélioration à la situation politique, qui s'aggrave au contraire de jour en jour. Au printemps suivant, la guerre doit inévitablement se porter sur mer, et la France tient à honneur de se faire représenter dignement dans la flotte destinée à ébranler la puissance navale de la Hollande, son ancienne et véritable alliée. Le ministre s'occupe de bonne heure de préparer 30 vaisseaux, 6 frégates et 8 brûlots. Il calcule qu'il lui faudra 12 000 matelots, mais aussitôt qu'il veut en ordonner la levée, il reconnaît que la classe de service est insuffisante, tant pour le nombre que pour la valeur des hommes qu'elle renferme. Dès le mois de novembre, il ne conserve plus aucun doute à cet égard, et, comme le service du roi doit passer avant tout, il prescrit de former le contingent dans toutes les classes, et de retenir les meilleurs marins, sans avoir égard à l'ordre précédemment établi[2].

C'était un grave échec pour l'institution nouvelle, qui ne cessait en outre d'être l'objet des critiques les plus vives de la part des officiers de tout grade. Les capitaines se plaignaient particulièrement de la faiblesse des équipages qui leur

---

1. Proposition pour augmenter le nombre des canonniers.
2. Lettres des 20 novembre, 12, 24 et 31 décembre 1671 aux commissaires Narp et Sachy.

étaient fournis et déclinaient hautement toute responsabilité, à moins qu'on ne leur permît de lever leurs hommes comme par le passé. Ces bruits parviennent un jour jusqu'à l'oreille du roi. On ébranle sa conviction en lui faisant entendre que le système des classes n'existe dans aucun pays, et qu'il n'a produit en France que de mauvais résultats. Colbert lui-même, paraissant hésiter un instant, consulte les intendants sur l'opportunité qu'il y aurait « à anéantir l'enrolement des matelots et à remettre toute chose ainsy qu'elles étaient avant l'année 1670. » Sous ses périphrases, on entrevoit cependant qu'il penche pour le maintien de son œuvre à peine expérimentée et qu'il ne désespère pas de surmonter les difficultés qu'il rencontre[1].

C'est au milieu de ces incertitudes que se termine l'année 1671.

IV

Dès le mois de janvier 1672, la plus grande activité règne dans les ports où se prépare la flotte qui, sous les ordres du vice-amiral d'Estrées doit joindre celle du duc d'York pour combattre Ruyter. Colbert a promis à son maître que les vaisseaux seraient exacts au rendez-vous ; il déploie pour y parvenir toutes les ressources de son esprit ; et Seignelay, qui, âgé de vingt ans à peine, a parcouru déjà une partie de l'Europe pour apprendre à bien administrer un jour les affaires de son pays et vient d'être autorisé par le roi à partager les travaux de son père[2], est envoyé en Angleterre, puis à Rochefort pour presser les armements et réchauffer l'ardeur des intendants et des officiers généraux. Un instant cependant, tout semble compromis : la flotte n'est pas prête. Alors qu'elle devrait être sous voiles, les équipages sont encore incomplets. Les soldats manquent ; on veut les remplacer par des matelots, mais ceux-ci manquent également[3]. C'est en vain qu'on a levé indistinctement dans les trois classes[4], qu'on a eu recours au régime de la presse dans toute sa rigueur[5],

---

1. Lettres des 28 et 31 décembre 1671 à Colbert de Terron.
2. Lettre à Brodart du 23 mars 1672.
3. Mémoire du roi à M. de Terron.
4. Lettres des 4 et 14 janvier au même.
5. Lettre à Brodart du 11 février, ordonnance du même jour, mémoire du roi au sieur Hubert à Dunkerque du 14 février.

qu'on a obtenu du roi une ordonnance pour fermer les ports de l'Océan[1] ; on est déjà au 14 mars, et sur 3600 matelots attendus et indispensables à Rochefort, il n'en est arrivé que 1350 ; à Brest, il manque encore un tiers de ceux qui avaient été demandés. On accuse les officiers de faire évader les hommes à mesure qu'ils arrivent à bord ; on se demande de nouveau s'il ne vaut pas mieux supprimer l'enrôlement[2], si auparavant les capitaines éprouvaient autant de difficultés pour former les équipages : « l'ordre des classes est, dit-on, un joug nouveau. Par la confusion que l'on fait des tours de service, le matelot, qui a d'ordinaire grande famille, ne se voit plus en repos chez lui ; sa famille tombe en misère, ses enfants meurent, et luy, obligé de servir par force, entre dans le bord avec chagrin ; de plus, les capitaines ne les levant plus eux-mêmes, les traitent comme des esclaves, les battent ; ces malheureux se laissent aller au désespoir, ils tombent malades et meurent ensuite ou se trouvent hors de service[3]. » A Dunkerque, les matelots résistent, menacent de jeter à la côte les navires sur lesquels ils seront embarqués ; à son tour, Colbert menace de les faire pendre[4]. Cependant les jours se passent et les difficultés ne s'aplanissent pas. La crainte de voir la flotte retardée et l'expédition manquée par sa faute, ne laisse pas au ministre de Louis XIV un instant de repos. Il envoie dépêches sur dépêches aux intendants, et les conjure d'employer tous les moyens imaginables, *de faire l'impossible* pour compléter les équipages. Enfin, le 30 avril, il peut annoncer au roi, déjà parti pour la Hollande, que les vaisseaux sont réunis à Brest, où ils n'attendent plus que l'ordre d'appareiller[5].

La jonction des flottes s'opère peu de jours après avec un bonheur inespéré. Mais l'amiral anglais a trouvé nos équipages trop faibles ; il faut lever encore 7 à 800 matelots[6], et

---

1. Ordonnance du 14 mars 1672.
2. Lettre du 1er avril 1672.
3. *Mémoire de M. de Launay*, 1672. (Dossiers des classes aux archives de la marine.)
4. Mémoire du roi au sieur Hubert, 23 avril.
5. Lettre du 30 avril à Louis XIV. Aussitôt après les ports sont ouverts en vertu d'une circulaire commençant par ces mots : « Maintenant que les vaisseaux de Sa Majesté ont été mis en mer et les équipages levés avec facilité, etc., etc. »
6. Lettre à Colbert de Croissy, ambassadeur à Londres, 25 mai 1672.

fermer pendant un mois les ports de Bretagne, de Norman-
nie et de Picardie[1]. De nouveaux besoins, qu'il est urgent
de satisfaire pour remplacer sur les vaisseaux les morts
et les blessés, se produisent après le combat de Sole-Bay,
livré le 7 juin; et au mois d'octobre, il est question de recourir une troisième fois à la fermeture des ports de Bretagne, pour trouver 200 matelots[2] nécessaires à l'escadre qui
se dispose à cingler sur Cadix.

Aussitôt après le départ de ce dernier armement, Colbert
cherche à remettre les classes dans un ordre meilleur et à
préparer à l'avance les levées pour la campagne de 1673. Il
écrit, dans ce but, aux intendants et aux commissaires de
réformer les abus et les irrégularités qui ont empêché son
institution de fonctionner convenablement. Il veut que désormais les matelots soient pris seulement dans deux classes,
et n'admet d'exception à cette règle qu'à l'égard des canonniers, en trop petit nombre pour qu'on puisse se dispenser
de les prendre tous.

A la fin de l'année, Seignelay prend définitivement le département de la marine; et, quoique surveillée avec soin
par son père, la correspondance se ressent déjà de la main
de vingt et un ans qui la rédige. « Il ne faut pas beaucoup
d'industrie, écrit-il, le 10 janvier, à Brodart, commissaire
au Havre, pour trouver un expédient qui descharge le roy de
la prétention vaine et mal fondée, que la solde doit continuer,
pour les matelots, jusqu'à ce que le parfait payement leur ait
été fait. Il est toujours facile de donner quelque chose à
compte et de renvoyer les hommes chez eux pour quelques
jours, en attendant que l'argent vienne. » « Souvenez-vous,
dit-il quelques jours après à son oncle, Colbert de Terron,
qui avait fait son éducation maritime, souvenez-vous d'éviter, par votre diligence, l'embarras où nous fûmes l'an
passé, par le grand nombre de matelots qui manquèrent
lorsque j'arrivai à Rochefort[3]. »

Les levées sont déjà en pleine activité que la solde de la
dernière campagne n'est pas encore acquittée, et qu'il faut
se déterminer, malgré la résolution arrêtée antérieurement[4],

---

1. Ordonnance du 29 mai 1672.
2. Lettre à Narp, 20 octobre 1672.
3. Lettre du 27 janvier.
4. Lettre à Narp du 17 février 1673.

à confondre de nouveau les classes et à prendre tous les matelots; encore l'opération se fait-elle lentement et péniblement. Au moment où la flotte française est attendue par le prince Robert, Colbert mande à M. de Seuil, intendant à Brest[1] : « Il faut absolument mettre l'escadre en mer; il n'est plus temps de demander des instructions à Paris; il faut faire n'importe par quels moyens, et prendre tout ce que vous trouverez d'hommes à huit ou dix lieues autour de vous pour remplir les vaisseaux. » A ce moment, Seignelay lui-même n'est plus à Versailles : il lui a fallu, comme l'année précédente, partir en toute hâte pour Rochefort, d'où il écrit à son père, le 2 avril :

« J'ai rendu compte à Sa Majesté, par mes lettres, de l'estat auquel étoient les équipages, et des mesures que j'ay prises pour faire lever 1100 matelots qui manquoient. J'en suis venu à bout avec peine, et il est indispensable de mettre un meilleur ordre dans l'enrollement des matelots que par le passé, afin de pouvoir s'assurer à l'avenir du nombre nécessaire pour les vaisseaux de Sa Majesté; et comme rien n'a contribué davantage à les faire déserter que l'impunité que trouvèrent ceux qui ne se présentèrent pas pour servir l'année passée, après avoir esté engagés, il est nécessaire au service de Sa Majesté de donner des ordres aux gouverneurs de faire prendre tous les déserteurs qui ne manqueront pas d'être retrouvez chez eux immédiatement après le départ de l'escadre, d'en faire pendre quelques-uns et d'en envoyer d'autres aux galères. Je m'en suis entretenu avec M. de Terron. L'ordre qui se tient est très-peu exact, mais il faut le changer lors du désarmement, et faire de nouveaux rolles, ce qu'on fera avec d'autant plus de facilité que l'on connoîtra à présent tous les matelots. Il ne manque plus, écrivait de nouveau Seignelay, le 24 avril, que 300 matelots pour rendre complets les équipages. Les expédients dont je me suis servy ont esté d'envoyer encore aujourd'huy ordre au sieur Lombard de prendre tout ce qui se trouvera dans la rivière de Bordeaux, sur 71 bastiments français qui y sont; d'envoyer le prévôt d'Aulnis et Xaintonge dans tous les endroits de leurs départements pour faire venir les matelots qui y sont. Il seroit très-important, ajoutait-il quelques jours plus tard,

---

1. Lettre du 22 avril.

d'établir l'enrollement parmi les Basques dans le gouverne-
ment de Bayonne. Vostre Majesté se souvient qu'ils pensèrent
tuer feu M. le comte de Guiche, lorsqu'on voulut faire cet
établissement parmy eux; mais à présent que les troupes
qui y sont les rendroient plus sages, peut-être qu'on pourroit
profiter de ce temps. On enrollcroit au moins 5000 matelots
dans ledit pays. »

Péndant qu'à Rochefort Seignelay employait des moyens si
peu propres à ramener la bonne foi et la bonne volonté
parmi les matelots, la Normandie était le théâtre de scènes
plus violentes encore. Au commencement de l'année 1673,
le sieur Brodart avait été chargé d'établir le régime des
classes dans cette province. Mais, à peine entrepris, ce travail avait dû être suspendu eu présence de la nécessité de
réunir au plus vite des matelots pour les vaisseaux destinés
à faire partie de l'escadre du comte d'Estrées. Cette opération
éprouvant des retards, les ports furent fermés, et M. de Mon-
tigny, gouverneur de Dieppe, eut ordre de faire arrêter
tous les maîtres de navires, pilotes et pêcheurs, qui, instruits
de ce qui se préparait, abandonnèrent immédiatement la ville
et se retirèrent en foule dans les villages voisins. Des soldats
marchèrent contre eux, et le gouverneur fit publier, conformément aux instructions qu'il avait reçues de Paris[1], que
tous les bâtiments sortant ou rencontrés en mer seraient
arrêtés, et les matelots trouvés à bord embarqués de force sur
les vaisseaux du roi.

A la même époque, M. de La Vaissière, gouverneur du
Havre, faisait annoncer que les femmes et les enfants de
tous les matelots qui ne se présenteraient pas avant trois
jours seraient chassés de la ville. « Cet expédient, écrivait à
ce propos Seignelay, est assurément fort bon, mais il faut
le faire exécuter avec sévérité[2]. », Il parut, en effet, si bon,
que, quelques mois plus tard on l'étendit à tous les bourgs et
villages de la côte, et on ajouta, dans une déclaration affichée
au siége de l'amirauté, que, faute par les habitants du gou-
vernement du Havre d'avoir fourni les équipages des vaisseaux, non-seulement les ports seraient fermés, mais les capitaines des vaisseaux du roi auraient ordre de prendre sur

1. Lettre de Seignelay des 16 janvier, 7, 11 et 18 mars 1673, à Brodart,
et du 25 mars au commissaire Guérard.
2. Lettre à M. de la Vaissière, 25 mai 1673.

mer les navires appartenant aux habitants de la ville et de toute la côte[1]. Le même jour, M. de Creil, intendant de Normandie, était envoyé à Honfleur pour avoir, en vingt-quatre heures, 90 ou 100 matelots, « et pour cela il devait, au besoin, fermer les portes du port et de la ville, puis aller de maison en maison prendre tous les hommes au-dessous de cinquante ans qui auraient été en mer, et faire ensuite la même chose dans toutes les villes, bourgs et villages des environs de la côte[2].

C'est après ces exécutions réitérées que l'établissement des classes fut repris et terminé en Normandie. On peut juger de la terreur qu'il dut inspirer et combien on était loin des conditions primitivement indiquées comme essentielles à la marche régulière de l'institution.

L'expédition une fois mise en mer, et pendant que les flottes alliées étaient aux prises avec Ruyter sur les côtes de Hollande, et que les commissaires des classes travaillaient à de nouvelles levées pour remplacer les pertes occasionnées par les combats, Colbert faisait refaire partout l'enrôlement, en même temps qu'il cherchait à inculquer à son fils les véritables principes de cet établissement. Il les avait consignés, à cet effet, dans un mémoire écrit tout entier par lui, copié ensuite et commenté à différentes reprises par Seignelay, qui recevait parfois de vertes réprimandes pour son manque d'application dans l'accomplissement de cette tâche. On peut en juger par les notes, d'une écriture fine, serrée et quelquefois indéchiffrable, tracée de la main paternelle sur les marges des manuscrits. On lit, par exemple, en face des premières lignes d'une copie datée du 12 juillet 1673 : « Ce mémoire important ne s'est guère exécuté, non plus que tous les autres. » Et un peu plus bas : « Cecy est parfaitement galopé. Celuy qui a écrit cecy avoit bien envie d'avoir finy, c'est-à-dire qu'il l'a copié en mauvais scribe et non en maître qui en veut faire son profit. » Plus loin encore, Seignelay, distrait comme un écolier pressé d'aller en récréation, avait répété deux fois la même phrase; on lit en marge : « Répétition qui marque que l'on n'a fait aucune attention et que l'on n'a point relu. »

---

1. Lettre au duc de Saint-Aignan, gouverneur de Normandie, du 21 juin 1673.
2. Lettre à M. de Creil du 21 juin.

En ce qui concerne la situation des classes, le mémoire constate que l'opération, heureusement accomplie en Provence[1], est complétement à refaire en Bretagne et sur toutes les côtes de Guyenne, Saintonge, Aunis et Poitou, et qu'il reste à l'entreprendre dans le Languedoc, la Normandie et la Picardie jusqu'à Dunkerque. « Pour faire réussir les mesures déjà prises, il faut avant tout arriver à punir les déserteurs, et, pour établir leur punition, il faut trois choses principales : la première, que *les matelots de la classe de service soient payés de la demi-solde à terre, parce qu'il ne serait pas juste de les punir s'ils n'avaient pas leur vie assurée dans l'année de leur engagement, soit qu'ils servent, soit qu'ils ne servent pas.* Pour cela, il faut proposer au roi cette dépense et l'avantage qui en reviendra à son service, travailler cependant à la diminuer autant qu'il sera possible et sur le pied de la Provence. La seconde, que leur appel soit constant et bien justifié. La publication des rolles dans les paroisses est longue et difficile; c'est un point à examiner sur les lieux avec les commissaires, etc.... »

Voulant donner plus d'autorité aux réformes et à la reconstitution reconnues indispensables, le roi publia, au mois d'août, un nouvel édit solennel, daté de Nancy, et dans lequel les espérances pour l'avenir étaient singulièrement confondues avec les déceptions du passé, et substituées à la réalité, quelque peu décourageante, du présent. L'institution des classes y était représentée comme ayant eu tout le succès qu'on avait espéré, les armements des vaisseaux s'étant opérés, grâce à elle, avec la plus grande facilité et sans qu'il fût nécessaire, comme auparavant, de fermer les ports ni d'interrompre le commerce. En conséquence, l'enrôlement devait être rectifié avec soin et étendu à toutes les provinces du royaume; il était, en outre, fait mention pour la première fois, dans cet édit, de mesures à prendre, dans le but de pourvoir régulièrement à la subsistance des blessés et estropiés; et, quelques semaines plus tard, une ordonnance, considérée à tort comme ayant fondé la caisse des invalides, régla la distribution des secours et créa, pour subvenir aux dépenses de cette nature sans imposer une nouvelle charge au Trésor, des ressources assurées par une

---

1. Il est à remarquer que, depuis trois ans, on n'avait eu à faire en Provence que des levées peu considérables.

retenue de 6 deniers pour livre sur les appointements de tous les officiers généraux de la marine, officiers particuliers des vaisseaux, et solde des équipages entretenus au service du roi[1]. Les fonds recueillis de cette manière devaient être employés à bâtir, à Rochefort et à Toulon, deux hôpitaux, destinés, comme l'hôtel des Invalides, dont la construction était commencée à Paris depuis trois ans déjà, à recevoir les malades et les incurables pendant toute leur vie. Une pension variant de 4 livres 6 sols à 6 livres par mois était en outre accordée sur le même fonds aux marins estropiés pouvant encore être employés dans les arsenaux, et une gratification de 162 à 216 livres à ceux qui préféraient se retirer chez eux.

En envoyant cette ordonnance dans les ports, Colbert recommanda de donner aux malades les soins les plus assidus, et de payer exactement les veuves de tout ce qui était dû à leurs maris, afin d'attirer les gens de mer au service du roi par de bons procédés. Tout faisait pressentir, en effet, des armements considérables pour le printemps. Malgré les avaries éprouvées en rade des dunes par l'escadre du vice-amiral d'Estrées, les vaisseaux ne cessèrent, pendant tout l'hiver, de battre la mer au nord et au midi. L'Espagne avait fait cause commune avec la Hollande, et la France, abandonnée bientôt après par l'Angleterre, se disposait à soutenir à elle seule le fardeau de la guerre. Au mois de mai 1674, Louis XIV, auquel tout réussit encore, envahit la Franche-Comté; Condé livre à Senef sa dernière bataille; Turenne tient en échec les Impériaux sur les frontières de l'Alsace, et, sans entreprendre de grandes campagnes, nos forces navales protègent les côtes de l'Océan contre la flotte hollandaise, commandée par l'amiral Tromp, tandis que Ruyter fait une tentative infructueuse sur la Martinique. L'effectif de la flotte française était resté de beaucoup inférieur aux prévisions, et cependant, après avoir voulu forcer encore les commissaires de marine à ne prendre les matelots que dans deux classes[2], il fallut leur accorder, à cet égard,

1. Ordonnance du 23 septembre 1673. La caisse des invalides de la marine n'a été réellement créée que par l'édit de mai 1709, qui étendit la retenue aux salaires des marins naviguant au commerce, en les faisant participer aux secours et aux pensions de retraite.

2. Lettre du 27 janvier aux commissaires Narp, Sachy et Corbonnois.

une entière liberté, et reconnaître que leurs rôles grossis sur le papier, renfermaient une quantité considérable de non-valeurs[1]. Les ports ne tardèrent pas à être fermés comme ils l'avaient été les années précédentes[2]. A Dunkerque, l'armement d'une seule frégate offrit de grandes difficultés, et dans la province de Bretagne, les matelots de la classe de service se cachèrent[3].

En présence de ces résultats significatifs, de cette impuissance évidente du régime des classes, constatée dans toutes les provinces maritimes, excepté dans la Provence où, depuis quelques années, on n'avait armé qu'un petit nombre de vaisseaux, il devient impossible de se faire illusion plus longtemps. Seignelay, peu disposé à s'occuper avec suite des détails de cette nature, oublie tout dès qu'il voit ses navires armés; Colbert, au contraire, s'apercevant que la difficulté de former des équipages est loin d'avoir diminué, que le commerce demeure, comme par le passé, en butte à des violences qui arrêtent son essor, reconnaît et déclare franchement, dans sa correspondance, que les faits n'ont en aucune façon répondu à son attente. A ses yeux, le système est mauvais; mais il ne parle plus, comme en 1672, de le détruire; il veut essayer encore de le réformer en le complétant; et pendant que son fils accompagne le roi en Franche-Comté, il rédige, de sa terre de Sceaux, un mémoire qu'il adresse, le 6 mai 1674, à tous les intendants. « Comme nous n'avons rien de plus important, leur dit-il, que de penser continuellement à faciliter la levée des équipages des vaisseaux que le roy met en mer, et que l'enrollement des matelots ne produit pas tout l'effet que l'on en avoit attendu, il est nécessaire que vous examiniez avec grand soin, pendant cet esté, tous les expédiens qui se pourront pratiquer pour rendre cette levée plus certaine et plus facile qu'elle n'a été par le passé et qu'elle n'est encore à présent, et comme de ma part j'y pense aussi continuellement, voicy ma pensée qui m'est venue, laquelle vous devez examiner. Et en cas que vous la trouviez bonne, il faudra travailler dès à présent à la faire réussir.

« Ce serait, au lieu de prendre par classe, de lever tous les matelots qui voudroient, pour toujours, s'engager au service

---

1. Lettre du 2 février au commissaire Narp.
2. Les 23 et 26 février, envoi des ordonnances de fermeture des ports.
3. Lettre du 29 mai au sénéchal de Guérande.

du roy, et en lever jusqu'au nombre de 1200 à 1500, et même jusques à 2000 en chacun des trois principaux arsenaux de marine, sçavoir : Rochefort, Brest et Toulon. »

« Toutes les fois que le roy armeroit peu de vaisseaux, les équipages se trouveroient tout faits, et lorsque le roy en armeroit un grand nombre, il faudroit lever le surplus, à quoi l'on travailleroit soit volontairement, soit par la fermeture des ports. »

Le 25 juillet de la même année, il revient sur cette idée, qu'il développe dans un nouveau mémoire. « Le roy voudroit toujours avoir en temps de paix 12 à 15 vaisseaux. Il pense que chaque intendant pourra entretenir au service, en paix comme en guerre, 2000 matelots pendant toute l'année. Néanmoins, pour avoir toujours un plus grand nombre de matelots enrôllés et prest à servir, elle fait estat et donne pouvoir audit sieur... ; s'il l'estime nécessaire au bien de son service, d'entretenir le nombre de 1000 matelots pendant six mois d'hiver, en leur donnant un escu par mois, ce qui montera à 18.000 livres. — Entretenir en outre, à Rochefort, 1500 à 2000 matelots, en les logeant et leur donnant 1/4 ou 1/3 de solde, et, en outre, les employer comme journaliers dans les ports, à la même paye que ceux du mestier dont ils seront. »

Le projet est ici clairement expliqué. Il ne s'agit de rien moins que d'entretenir en permanence dans les ports 11 000 matelots toujours à la solde de l'État et de considérer comme une réserve pour les armements extraordinaires, le personnel des classes, incapable de fournir à lui seul, des équipages à notre flotte, composée déjà en 1671 de 119 vaisseaux. Si maintenant on se souvient des premiers essais de Colbert, des efforts tentés par lui à différentes époques pour créer des compagnies de soldats marins et de canonniers entretenus, on doit conclure que ces deux derniers mémoires expriment sa véritable pensée en matière d'enrôlement, celle qu'il avait toujours vaguement entrevue et dont il avait inutilement poursuivi la réalisation au milieu de circonstances malheureuses qui dans l'application en avaient souvent fait dévier le principe, celle à laquelle il s'arrêta définitivement après douze années d'études et d'expériences infructueuses, et qui pouvait se résumer ainsi : équipages permanents complétés au besoin par une réserve de matelots engagés autant que possible volontairement.

[illegible]

Il faut cependant le reconnaître : ce plan discuté longue-
ment dans un grand nombre de lettres et de mémoires, n'a
jamais été exécuté, au moins en ce qui concerne les matelots.
A partir de cette époque, Colbert commence à porter moins
d'attention aux détails et aux opérations de la marine, dans
la direction desquels il laisse prendre à son fils une initiative
de jour en jour plus grande ; et si de temps à autre il inter-
vient encore, c'est principalement lorsque Seignelay est
absent ou malade, ou qu'il menace, par son esprit brouillon,
de mettre le désordre dans l'administration. Après avoir
rédigé les mémoires que nous venons de citer en les présen-
tant comme son testament, en matière d'enrôlement, il garde
le silence sur ce sujet, comme s'il était décidé à remettre
désormais au temps et aux circonstances le soin de résoudre
le problème à la recherche duquel il s'est vainement fatigué.
Il lui suffit de rappeler au besoin les principes de son institution et de saisir les occasions qui se présentent d'améliorer
le sort des marins. C'est dans ce but toujours présent à son
esprit, et pour assurer la subsistance des familles pendant l'absence de leurs chefs embarqués sur les vaisseaux du roi, qu'il
fonde en 1675 [1] la caisse des gens de mer, seul vestige de son

---

1. Le mémoire adressé aux intendants et commissaires généraux, qui
aboutit à l'ordonnance du 7 août 1675, sur la subsistance des familles des
marins pendant qu'ils sont en mer, est trop important pour que nous ne le
reproduisions pas ici :

« J'ay reçu plusieurs fois des advis qui m'ont été donnés par les commissaires employez à la levée des matelots, et par vous-mêmes dans les
lettres que vous m'avez escrites sur ce sujet, que l'une des principales
raisons qui augmentoient les difficultés qui se sont trouvées dans la levée
d'un grand nombre de matelots nécessaires pour former les équipages des
vaisseaux du roy, estoit que lesdits vaisseaux, et principalement ceux qui
sont destinez pour los voyages de long cours, estant fort longtemps en mer,
les familles desdits matelots demeurent sans secours et tombent dans une
grande misère pendant leur absence, et comme il est important de lever
cette difficulté autant qu'il sera possible, j'ay esté bien aise de vous faire
sçavoir les pensées qui me sont venues en cela, afin que vous les examiniez
et que vous m'en donniez votre advis. Ces pensées sont, lorsque le roi fera
remettre dans les ports les fonds pour l'advance ordinaire de trois mois de
solde aux matelots qui devront servir sur les vaisseaux gardé-costes, en

œuvre que le système de l'inscription maritime nous ait conservé intact. A la suite de cette importante création, sa voix se fait encore entendre par intervalles, soit pour recommander de ne pas enrôler les gens de rivière, mais seulement ceux qui sont accoutumés à servir sur les vaisseaux[1] ; soit pour prévenir un intendant que les matelots de Provence se plaignent de n'être ni bien ni régulièrement payés[2], ou pour modérer l'esprit despotique des commissaires qui prétendent exiger des patrons non-seulement le dépôt de leurs rôles d'équipage, mais encore la présentation à leur bureau, des hommes engagés[3]. Il s'occupe encore de faire exempter les matelots du Languedoc et de la Provence du payement des tailles pour l'industrie[4]. Enfin, au commencement de 1683, quelques mois avant sa mort, il charge M. de Bonrepaus de faire une inspection générale des classes, et adresse le 5 mai les reproches les plus sévères au commissaire de Saint-Malo, qui, pour se procurer en Basse-Normandie 450 matelots, n'a rien trouvé de mieux que de retenir 15 vaisseaux prêts à partir pour la pêche de la morue, d'en faire rentrer 34 autres

---

Ponant, dans les mers du Nord, d'Espagne, et dans la Méditerranée, qu'il en soit payé aux femmes des matelots ce qu'ils voudront leur en laisser. Et en cas que lesdits vaisseaux fussent plus de six mois à la mer, Sa Majesté fera remettre dans les ports où ils auront armé, le fonds pour trois mois pour le parfait payement du service qu'ils auront rendu pendant lesdits six mois. Sur quoy il faudra pareillement sçavoir desdits matelots ce qu'ils voudront qu'il en soit payé à leurs femmes, soit un mois, soit deux, ainsi qu'ils en seront convenus, afin qu'ils trouvent le surplus à leur désarmement entre les mains du trésorier; et, pour empescher que les femmes desdits matelots ne vinssent dans les ports demander la solde de leurs maris, il faudroit que les commissaires employez dans les provinces pour la levée desdits matelots, leur en fissent les payements dans les lieux de leurs demeures, suivant les ordres des Intendants et commissaires généraux de marine auxquels ils envoyeront les états des payements faits auxdites femmes, pour en faire déduction à leurs maris sur les fonds remis pour leur solde.

« A l'égard des voyages de long cours, comme des Indes orientales, isles de l'Amérique, Canada ou Terre-Neuve, Sa Majesté feroit remettre six mois de solde pour la première advance, sur quoy il seroit pareillement payé aux femmes des matelots ce dont ils conviendroient, et en cas que lesdits vaisseaux demeurassent plus d'un an dans leur voyage des isles, de Canada ou de Terre-Neuve, il seroit remis trois mois de solde dans les ports dont il seroit pareillement payé aux femmes desdits matelots ce dont ils seroient convenus. J'attendrai votre réponse sur tous ces points. »

1. Lettre du 21 février 1676.
2. Lettre de Colbert à M. Arnoul, datée de Sceaux le 13 mai 1677.
3. Lettre au sieur Croizet du 5 décembre 1680.
4. Lettre au sieur Morant, intendant en Provence, 5 janvier 1681.

déjà sortis et d'obliger chacun des capitaines à donner quelques-uns de ses hommes. On dirait, en parcourant ces recommandations, les dernières adressées par lui sur cette matière, que Colbert pressentait alors combien, lorsqu'il ne serait plus là, les gens de mer trouveraient peu de protecteurs pour défendre leurs droits. Son fils, dévoré du désir d'éclipser Louvois, toujours prêt à sacrifier l'argent, le sang et les intérêts de la France pour donner plus d'éclat et d'importance à sa charge, était peu fait pour remplir ce rôle auquel d'ailleurs son caractère ne le disposait nullement. Sans cesse le reproche à la bouche, même à l'égard des fonctionnaires le plus haut placés, persuadé que toute chose devenait possible par cela seul qu'il la voulait, Seignelay ne daignait pas chercher la cause des difficultés que rencontrait souvent l'exécution de ses ordres, ni expliquer à ses subordonnés les moyens à prendre pour surmonter les obstacles, et lorsqu'il se trouvait à court d'arguments, il se tirait d'affaire en menaçant de la destitution ou de la colère du roi. Une notice insérée dans les registres analytiques de la Correspondance des ministres de la marine, constate que plus d'officiers furent cassés et emprisonnés dans les six premiers mois de son ministère, que pendant les douze années de l'administration de son père. Un jour, il prive de trois mois de solde et menace deux fois de révocation l'intendant Arnoul, qui s'est permis de dépasser un crédit et de demander quelques fonds supplémentaires[1]. Plus tard, c'est M. de Vauvré, intendant à Toulon, auquel il reproche sa négligence et son peu de goût pour le service ; il le prévient que si cela continue, « il s'en plaindra si fortement au roi qu'il pourrait lui arriver des maux qu'il ne prévoyait pas[2]. » Un autre jour encore, il écrit au maréchal d'Estrées, « que s'il a la preuve que des commissaires aux classes reçoivent de l'argent de certains matelots pour les exempter, il ne doit pas balancer à en faire pendre deux ou trois pour donner l'exemple à l'avenir, n'y ayant pas de crime qui mérite mieux un pareil supplice[3]. »

Un commissaire le prévient-il que des levées considérables gênent beaucoup les armements du commerce ? il répond que

---

1. Lettre du 29 mai 1685.
2. Lettres des 1er janvier et 11 mars 1690.
3. Lettre du 23 juin 1689.

cela doit être sa faute, que c'est à lui à savoir concilier le service du roi avec celui des armateurs, que c'est là son emploi, qu'il doit le remplir, sans quoi il sera obligé d'envoyer un autre homme à sa place [1]. S'il traitait de la sorte des personnages importants et dont il ne pouvait se passer, on se figure aisément de quel œil il considérait et les gens de mer et le régime établi pour améliorer leur sort.

Depuis 1674, la guerre maritime eut pour théâtre la Méditerranée, et les classes de Provence, assez paisibles jusque-là, virent à leur tour le fléau des levées passer sur elles, sans qu'il cessât pour cela de s'appesantir sur les provinces du nord et de l'ouest, dont les matelots envoyés à Toulon par terre avec un mois de solde, c'est-à-dire quinze à dix-huit livres au plus pour faire leur voyage [2], avaient encore, après la campagne, à supporter les difficultés du retour. Épuisés de fatigue, il leur fallait traverser la France à pied, et regagner en mendiant leur demeure ; car, lors des désarmements, ils préféraient le plus souvent, dans la crainte d'être repris, quitter le port sans se présenter à la Banque pour toucher ce qui leur était dû [3]. En 1675 et 1676, les ports furent fermés partiellement à différentes reprises. En Languedoc, on préluda par des levées considérables à l'enrôlement qui devait y être établi après la conclusion de la paix. La province étant épuisée, on voulut y trouver encore 7 à 800 marins [4] dont le recrutement avait occasionné déjà des séditions, lorsqu'on apprit l'arrivée à Toulon de beaucoup plus d'hommes qu'il n'en fallait pour former les équipages des vaisseaux ; on fut obligé d'en renvoyer le plus grand nombre [5]. En Normandie, l'équipage entier d'une frégate déserta tout à coup [6], et des désordres se produisirent au Havre, à Quillebœuf et à Dieppe [7], car Seignelay ne craignait pas d'augmenter alors la détresse des populations maritimes en retirant de sa propre autorité les avantages qui leur avaient été accordés par les ordonnances, sous le prétexte que « le roi n'avait jamais prétendu faire jouir les matelots de tous les

1. 4 juin 1689 à M. Duguay, commissaire à Saint-Malo.
2. Lettre du 25 mars au sieur Narp.
3. Lettre au sieur Clairambault du 28 octobre 1678.
4. Lettre du 14 février 1676 au commissaire Jonville.
5. Lettre du 10 avril.
6. Lettre du 28 mars 1676 au duc de Saint-Aignan.
7. Lettre du 7 juillet au sieur Desclouzeaux.

— 41 —

priviléges et exemptions portés par l'édit de 1673[1]. » Il alla
même jusqu'à retrancher la demi-solde aux matelots retenus
dans leurs quartiers pour les besoins éventuels des armements. Une pareille mesure n'eut pas tout d'abord un caractère définitif. Elle fut motivée une première fois par l'état des
affaires qui ne permettait de faire aucun fonds pour cette
dépense[2], plus tard par la nécessité de savoir auparavant
quels services on pourrait tirer des matelots conservés dans
leurs foyers, et jusqu'à quel point on les utiliserait. Il vint
enfin un jour où la demi-solde fut définitivement supprimée
comme étant inutile puisqu'on pouvait, sans argent, obliger
les matelots à rester chez eux ; dans l'ordonnance de 1689, il
n'en est plus question. En 1686, le jeune ministre de la marine découvrit un autre moyen de réaliser une économie aux
dépens des gens de mer, en faisant arrêter la solde des équipages au premier jour de la quinzaine dans laquelle les navires arrivaient au mouillage[3], et l'esprit des subalternes se
pénétra tellement des idées du maître, que l'on vit les expédients les plus étranges proposés par les commissaires. L'un
d'eux offrait de donner la demi-solde seulement aux marins
du Havre, Dieppe, Honfleur et Granville, que l'on avait de la
peine à retenir autrement[4]. Un autre, au contraire, loin de
vouloir payer quelque chose aux matelots de la classe de
service, pour les indemniser et constater leur engagement à
l'État, demandait qu'on leur retînt, lorsqu'ils seraient autorisés à naviguer au commerce, un quart de leurs salaires au
profit de leurs camarades demeurant à terre[5].

C'eût été peu de choses encore si les commissaires n'avaient
contribué que par leurs idées malencontreuses à saper l'institution qu'ils avaient mission de maintenir ; mais il don-
naient lieu à des plaintes d'un caractère plus sérieux. On
dénonçait leurs malversations scandaleuses ainsi que leurs
violences à l'égard des matelots ; et les accusations de cette
nature n'étaient malheureusement que trop réelles et trop

1. Lettre du 12 novembre 1677, au sieur Sachy, et du 24 août 1682, au
sieur Le Danois.
2. Lettre du 4 mars 1674.
3. Lettre du roi au sieur Arnoul, intendant à Rochefort, 30 décembre 1686.
4. Lettre au sieur Desclouzeaux.
5. Lettre au sieur Duguay, 1688.

souvent prouvées. Le commissaire Sachy, le fondateur des classes en Bretagne, que Colbert et Seignelay avaient toujours regardé comme le plus zélé serviteur du roi, et proposé comme un modèle à tous les commissaires présents et à venir, étant mort subitement, on trouva chez lui la preuve qu'il n'avait cessé d'exempter les meilleurs marins moyennant de l'argent. Un jour, un matelot du quartier de Saint-Malo dont il était chargé en dernier lieu, se présente à Versailles avec un placet pour demander justice. Victime de l'animosité de son commissaire, il se voyait retenu à terre depuis deux ans, sans solde et sans pouvoir même obtenir d'être envoyé sur les vaisseaux du roi. Le ministre voulait douter de cette allégation, mais la vérité en était attestée sur le livret du matelot par une note de la main de M. de Seuil, intendant à Brest[1]. Ces faits n'étaient pas isolés; dès le début, ils se produisirent à Nantes, à Dieppe, à Arles et en Provence.

Après la paix de Nimègue, les armements cessèrent, et le commerce, ayant diminué, laissa inoccupés un grand nombre de matelots, qui prirent part sans difficulté aux expéditions, relativement peu considérables, dirigées successivement contre Alger et Gênes. Chaque année, la plupart de ceux appartenant à la classe de service furent autorisés à naviguer pour les marchands, et il fut décidé, en 1680, qu'à leur retour ils embarqueraient aux lieu et place de la classe suivante, afin de ne pas perdre l'habitude de la discipline[2]. C'était, d'un trait de plume, confondre toutes les classes en y jetant le désordre, et Seignelay, ne craignant pas de s'écarter de plus en plus des principes de son père, chercha encore, quelques années après, à étendre le plus possible et dans tous les sens les limites de l'enrôlement. Après avoir déclaré que les patrons de barques ne devaient pas être exemptés des levées, il avait ordonné d'y comprendre tous les hommes servant sur les pataches, bacs et bateaux destinés au passage des cours d'eau[3], puis il avait engagé les commissaires à lever le long des rivières des jeunes-gens qui s'accoutumeraient facilement au service de la mer, et ne recevraient, en commençant, que la paye de soldats. Enfin, en 1689, l'enrôlement fut fait dans toutes les paroisses situées

1. Lettre à M. de Seuil, 3 novembre 1681.
2. Lettre à M. de Vauvré du 14 avril 1680.
3. Ordonnance du 1er décembre 1683.

sur les rives de la Garonne et de la Dordogne[1]. A ce moment,
on n'était plus, il est vrai, comme en 1678, dans la surabon-
dance des matelots. Depuis une année, la France avait de
nouveau toute l'Europe à combattre, et des flottes considérables étaient déjà sorties de nos ports. Au mois de septembre
1688, les préparatifs de la Hollande, dont on ignorait encore
le but, avaient commencé à inquiéter. Les projets du prince
d'Orange ne furent bientôt plus un mystère, et, tandis que la
cour hésitait à prendre un parti, Seignelay fit saisir dans les
ports du royaume tous les navires hollandais, armer des
corsaires auxquels on prêta des frégates, et préparer une
expédition formidable, dont on attribua la suspension à l'influence de Louvois. Au printemps, la situation se dessina
nettement. Trente-six navires, se dirigeant vers l'Irlande sous
les ordres de Château-Renault, débarquèrent 5000 hommes
dans la baie de Bantry, en forçant à la retraite l'escadre de
l'amiral Herbert; et lorsque la guerre fut enfin déclarée, le
20 avril à l'Espagne et le 30 juin à l'Angleterre et à la Hollande, on préparait déjà depuis trois mois, dans les arsenaux, une flotte de soixante-seize vaisseaux, destinés à
attaquer les forces ennemies avant leur jonction.

Seignelay s'était flatté, jusqu'à la fin d'avril, de pouvoir
limiter la levée des matelots à la seule classe de service; il
reconnaît seulement alors son erreur, et met en œuvre les
moyens les plus énergiques pour compléter les équipages.
Conformément à ses ordres, les Hollandais appartenant aux
navires saisis avant la déclaration de guerre sont conduits
sous bonne garde à Toulon, pour être embarqués par faibles
détachements et sans solde sur les vaisseaux destinés à combattre leurs compatriotes; mais ils désertent tous[2]. Au mois
d'avril, il se forme à Marseille une sédition de matelots qui,
n'étant pas payés de leur dernière campagne, refusent de
s'embarquer. Le ministre écrit « qu'il faut les réduire par
voie d'autorité, en leur faisant subir quelque punition pour
l'exemple; mais que le cas étant pressant, si l'on ne peut les
réduire par la rigueur, il faut se résoudre à leur faire donner
trois mois d'avance, quoique cette indulgence soit contraire
au service; mais, ajoute-t-il, les circonstances l'exigent[3]. »

---

1. Lettre au sieur Lombard, du 29 décembre 1689.
2. Dépêches d'octobre 1688.
3. Lettre du 28 avril 1689.

La saison s'avance, en effet, plus vite que les armements, et, le 26 juin, malgré les saisies opérées sur tous les navires marchands, il manque encore la moitié des équipages. Le ministre, dont l'anxiété est extrême, envoie un de ses secrétaires presser les levées en Normandie; mais, pour comble de malheur, la caisse est vide : les finances ne sont plus dirigées par la main ferme de Colbert. Le désordre règne de nouveau au contrôle général, tandis que, dans les ports, les équipages ne sont pas payés, les vaisseaux ne peuvent être expédiés, le service est toujours à la veille de manquer faute d'argent[1]. Au mois de juillet, Seignelay, ne pouvant plus maîtriser son impatience, part lui-même pour Brest, où il attend l'escadre que Tourville amène de la Méditerranée. La réunion s'opère heureusement, mais trop tard : les flottes ennemies tiennent déjà la mer, et après avoir accompli leur mission, qui consistait principalement à protéger l'entrée dans la Manche d'un grand convoi attendu de Smyrne, elles se hâtent de regagner leurs ports, et nos vaisseaux, ne trouvant plus d'ennemis devant eux, rentrent eux-mêmes à Brest, où ils sont désarmés pour la plupart.

Une nouvelle expédition, plus formidable que toutes celles qui avaient été armées jusque-là dans nos arsenaux, est résolue dès ce moment pour l'année 1690. Le plan de campagne consiste encore à opposer aux ennemis des forces très-supérieures en les combattant séparément. Avec 70 vaisseaux, Tourville détruira d'abord 30 vaisseaux anglais mouillés à Portsmouth et à Spithead, puis il se mettra à la recherche de la flotte hollandaise, et, maître de la mer, après avoir écrasé ses adversaires, il pourra s'emparer de tous les navires isolés. Le point capital étant de se trouver prêt de bonne heure, Seignelay prend immédiatement les mesures nécessaires pour s'épargner les soucis et les retards du dernier armement. Dès le mois de décembre, il compte qu'il lui faudra 20,000 matelots[2], non compris ceux des provinces les plus éloignées, qui ont été par précaution, gardés pendant l'hiver dans les arsenaux. En conséquence, il donne des ordres pour ne laisser équiper dans les ports marchands que

---

1. Dans un mémoire concernant les trésoriers de la marine, il est dit que cette année-là le port de Marseille se trouva entièrement dénué de fonds.

2. Lettre du 8 décembre 1689, au sieur Bégon, intendant à Rochefort.

les navires dont le service est tout à fait indispensable[1]. Les
officiers de l'amirauté ont défense de donner aucun congé :
tous les matelots sont retenus par le roi, qui consent seulement à en prêter quelques-uns pour les besoins urgents du
commerce[2]. Ces précautions ne réussissent pas encore à enlever au ministre toute inquiétude ; dès la fin de janvier, les
levées rencontrent partout les plus grandes difficultés. Un
commis du ministère, envoyé en mission spéciale, n'obtenant
pas de meilleurs résultats que les commissaires, on se décide
à prendre les maîtres de barques[3] et jusqu'aux matelots de
la flotte des gabelles[4]. Le 20 avril, Seignelay fait arrêter sur
toutes les côtes les bâtiments qui naviguent de port à port[5]
(caboteurs), et il manifeste l'intention, malgré le mauvais
état de sa santé, de quitter au besoin le traitement qui lui
est ordonné, pour aller presser lui-même les armements[6].
D'Amfreville, envoyé sur les côtes d'Irlande pour y porter
des troupes de débarquement, revient sur ces entrefaites
dans les premiers jours de mai, après avoir heureusement
rempli sa mission, mais en ramenant beaucoup de malades,
qu'il faut remplacer dans ses effectifs. C'est un nouveau sujet
d'embarras, car, malgré les nombreux matelots inscrits sur
les registres des classes comme disponibles, on n'en trouve
nulle part[7]. La ville de Calais n'en possède plus que deux,
tous les autres ayant déserté[8]. A Dieppe, on fait main basse
sur les pêcheurs et à Saint-Valery, sur les maîtres des navires
de commerce. Le 23 juin cependant, les équipages se trouvant complets, Tourville appareille, avec soixante-dix vaisseaux, pour chercher les ennemis, qu'il rencontre peu de
jours après sous le cap Beveziers témoin, le 6 juillet, d'un
des plus beaux faits d'armes de nos annales maritimes.

Après avoir pourvu, non sans peine, aux besoins de la
flotte, le ministre ne se tient pas encore pour satisfait. De

---

1. Lettres du 23 novembre au sieur Bégon et du 23 mars 1690 au syndic
de Saint-Malo.

2. Lettre du 18 janvier 1690.

3. Lettre au sieur Argaud.

4. Lettre au sieur Saussigny, commissaire au Havre, 18 avril.

5. Lettre au sieur Hocquart, commissaire aux Sables d'Olonne, du
20 avril 1690.

6. Lettre du 27 avril.

7. Lettre du 3 mai à M. de Bonrepaus.

8. Lettre du 19 mai au sieur l'Empereur.

nombreux corsaires, au nombre desquels on compte les capitaines Serpente, de Selingue, Jean Bart, Forbin, Duguay-Trouin, réclament des équipages qui leur sont fournis immédiatement par la levée d'autorité de tout ce qu'il restait de matelots sur les côtes. Enfin, au mois de juillet, de nouveaux besoins obligent à fermer les ports de Saintonge, et Seignelay écrit déjà que le roi, voulant l'année suivante mettre en mer un nombre plus considérable de vaisseaux, aura besoin également d'un plus grand nombre de marins.

Il ne lui était pas réservé de voir se réaliser ces projets gigantesques. Malade depuis un an, miné et épuisé par les passions de toute sorte qui excitaient en lui une activité dévorante, il mourut le 3 novembre 1690, à l'âge de trente-neuf ans, laissant notre marine grande, glorieuse, maîtresse de la mer pour la première fois, mais renfermant déjà, comme ces fleurs dont une main trop habile à devancer la nature a pressé l'éclosion, un germe de désorganisation qui devait se développer rapidement et entraîner sa ruine.

VI

Nous voici parvenus à la fin de la première période du régime des classes. Au moment où Seignelay disparaît, ce régime fondé, organisé dans toutes les provinces, et depuis vingt ans déjà dans la plupart d'entre elles, a pénétré dans les habitudes et s'est lié étroitement aux ressorts de l'administration. Aux dépens ou au profit de la France, pour la diminution ou l'accroissement de sa grandeur future, cette institution possède désormais une existence propre et assez de force pour survivre aux hommes, aux gouvernements, aux âges qui l'ont vue naître. D'après un mémoire[1] conservé

---

1. *Mémoire sur l'employ des officiers mariniers et matelots dans les costes maritimes du royaume*, 1686. (Archives de la marine.) — La classe de service est de 14 467 marins ; il en reste donc au commerce 46 950 ; il en emploie en réalité 47 919 de la manière suivante : 9 470 à la pêche de la morue, 3 479 à la pêche du hareng et au cabotage, 12 334 à la pêche sur les côtes de France, 6 934 au cabotage, 2 137 au commerce sur les côtes d'Italie, 2 996 sur les côtes d'Espagne, 2 923 dans les mers du Nord, 3 201 dans les Indes occidentales, 2 965 dans le Levant. Il y avait, en outre, 9 311 capitaines maîtres, patrons, pilotes exempts de classes. — On se souvient que, depuis la paix de Nimègue, il y avait eu fort peu d'armements.

aux archives de la marine, l'enrôlement comprenait, en 1686, 52 106 matelots et officiers mariniers, outre les capitaines, maîtres, patrons, pilotes, novices et mousses; et, quelques années après, le classement dans les rivières avait porté leur nombre à 58 184 hommes valides [1], formant, au moins sur les livres des commissaires, un personnel toujours à la disposition de l'État. Qu'y avait-il de réel au fond de ces chiffres officiels, et jusqu'à quel point les vœux de Colbert, qui embrassaient à la fois les intérêts de l'État, ceux du commerce et ceux des marins, se trouvaient-ils réalisés? Les faits exposés dans les pages précédentes répondent d'eux-mêmes à cette question, et notre rôle doit se borner ici à enregistrer les conséquences qui en découlent.

En ce qui concerne les facilités que le régime des classes devait apporter à l'armement des flottes, rappelons-nous les inquiétudes de Colbert en 1672 et 1673, les mémoires dans lesquels le ministre trahit ses incertitudes, les ordonnances qu'il lui faut envoyer pour suspendre au plus vite le fonctionnement de son institution, dès qu'il doit mettre en mer la plus petite escadre, et, la crise à peine conjurée, les circulaires adressées à tous les fonctionnaires pour leur dire de chercher un remède à un état de choses qui lui paraît intolérable. En 1689, c'est pis encore; la campagne manque complétement parce que, malgré la suspension absolue de l'ordre établi, les vaisseaux n'ont pas leurs équipages en temps voulu. L'année suivante, on s'y prend de bonne heure, mais alors il n'est même plus question de négliger les tours de service. Il semble qu'il n'y en ait jamais eu. Tout a disparu: jusqu'à ces formules de regret, de découragement, arrachées si souvent à Colbert par des nécessités impérieuses. Il ne reste de l'institution que les registres de l'enrôlement imaginés par Richelieu en 1629, et devenus aussi inutiles qu'à cette époque, puisque les matelots inscrits se sauvant, se cachant, s'expatriant, il faut bien prendre les premiers venus pour mettre à leur place. Précédemment déjà, les classes n'avaient fourni que des équipages faibles et mal composés. Le duc d'York s'en était plaint en 1672; les officiers généraux et les capitaines ne cessaient de faire entendre à ce sujet leurs réclamations; et si, grâce à elles, le personnel

---

[1]. Mémoire de M. Broquet sur l'inscription maritime.

s'améliorant ensuite rendit nos vaisseaux plus redoutables ; si, aux succès contestés de Sole-Bay et de la campagne de 1673, l'on vit succéder le glorieux combat d'Agosta et surtout ceux de Bantry, en 1689, et de Bevéziers, en 1690, c'est que Seignelay avait mis tous ses soins à instruire les capitaines et les officiers, et que, moins attentif que son père à respecter les prétentions de Louvois, il avait formé des compagnies permanentes de canonniers pour l'artillerie et de soldats de marine pour les garnisons. Les équipages se perfectionnèrent alors uniquement par leurs éléments étrangers aux classes. Quant à celles-ci, laissées dans l'oubli, elles s'affaiblirent d'autant plus que, pour faire nombre, on voulut étendre les levées aux mariniers des bacs et pataches et aux habitants des rivières.

De ce côté, les faits ne répondirent donc pas aux espérances de Colbert ; on ne peut affirmer davantage que le commerce eût obtenu, à cette époque, la sécurité et la tranquillité qui lui manquaient auparavant. Jamais, en effet, les ports ne furent plus souvent fermés ; jamais on n'avait pratiqué la presse avec plus de violence ; jamais on n'avait interrompu aussi complétement la navigation, le cabotage et jusqu'à la pêche côtière ; et la correspondance des ports renferme à chaque page des plaintes dont les deux ministres ne pouvaient s'empêcher de reconnaître la justesse. En 1690, il y avait environ, non compris les soldats, 50.000 matelots, soit au service du roi, soit sur les corsaires, et ce n'était pas là le dernier terme de l'ambition de Seignelay ; il n'est donc pas difficile d'évaluer ce qu'en pareille circonstance il restait au commerce pour ses besoins.

Enfin, l'institution des classes avait-elle effectivement protégé le matelot ! en avait-elle fait cet homme bien et régulièrement payé, bien soigné, bien traité, également content sur les vaisseaux du roi et sur les navires de commerce, en un mot, cet homme privilégié, dont l'heureuse condition, enviée de tous, devait attirer sur nos côtes de nombreux habitants et y faire pousser de vigoureuses générations de marins ? C'est là, hélas ! la partie la plus triste de cette histoire : elle peut se résumer en quelques lignes.

Avant Louis XIV, la marine royale n'est pas constituée ; elle ne possède encore qu'un petit nombre de navires ; elle n'arme pas régulièrement, parce qu'elle n'a pas au loin d'intérêts commerciaux à protéger. Pour former les équipages,

on vit alors d'expédients, et malgré la presse que l'on fait au
besoin, le commerce jouit par intervalles de périodes assez
tranquilles. Colbert, en arrivant aux affaires, développe partout l'industrie et les échanges, fonde des colonies et de
grandes compagnies maritimes pour exploiter les richesses
des nouveaux mondes. Il lui faut défendre ces grandes en-
treprises en même temps que nos arsenaux et nos côtes, et substituer dans ce but une marine fixe à des armements passagers,
ainsi qu'un recrutement régulier à la presse. C'est alors qu'il ré-
partit en plusieurs classes les matelots auxquels, par la bouche de ses agents et dans les ordonnances qu'il publie, il
tient ce langage: « Jusqu'ici, vous étiez mal payés, mal nour-
ris et contraints à tout moment d'embarquer sur les vaisseaux du roi. Dorénavant cette charge, dont il est impossible
à l'État de vous dispenser entièrement, sera également et
équitablement répartie sur vous tous; elle en deviendra
moins pesante, peut-être même l'accepterez-vous un jour
volontairement. Vous servirez tous, il est vrai, tour à tour et
pendant une année, sans pouvoir vous soustraire à cette ob'li-
gation; mais, en revanche, vous aurez de bons vivres; vous
recevrez exactement votre solde entière pendant six mois au
moins et demi-solde pendant le reste de l'année, vous et vos
familles serez à l'abri de toute poursuite, corvée et charge
communale ; et puis une fois votre devoir accompli, vous
jouirez pendant deux, trois, quatre années consécutives, de
cette liberté, de cette sécurité du lendemain que, dans l'état
actuel des choses, vous ne possédez jamais. » Ce n'était pas,
à proprement parler, un contrat que Colbert proposait aux
gens de mer, c'était un bienfait qu'il voulait leur accorder,
et il ne prétendait conférer à l'État un droit sur le matelot
qu'à la condition de payer exactement ce dernier. A ses yeux,
la solde n'était pas une sorte d'indemnité comme elle le devint plus tard, mais bien le signe, la condition de l'engagement et le prix des services rendus. Sous ce rapport la demi-
solde, sur le maintien de laquelle Colbert insistait énergique-
ment, était réellement, nous ne saurions trop le répéter, la
clef de son institution, la garantie de l'équité de son fonctionnement. Mais à peine eut-il abandonné à son fils la direction de la marine, à peine eut-il disparu, que sa grande
pensée se voila; les gens de mer cessèrent de s'appartenir et
l'enrôlement ne fut plus qu'une machine à simple effet,
destinée à saisir les matelots toujours et partout, à les mar-

quer au front pour les reconnaître, les retrouver dans tous
les coins où ils chercheraient à se réfugier, et les livrer à
l'État. C'est devenu la presse, mais plus terrible encore, en
ce qu'elle ne laissait aucune chance d'échapper, et plus dé-
moralisatrice en ce qu'elle forçait des populations entières,
réduites au désespoir, à transgresser les lois, à résister ou-
vertement à l'autorité, ou à passer en masses à l'étranger.

Des hommes arrachés à leurs familles qu'ils laissent dans
la misère, enchaînés parfois et traînés comme des malfaiteurs
dans les ports, répandant ensuite sur les vaisseaux leur sueur
et leur sang, pendant qu'à la chaumière femmes et enfants,
poursuivis, traqués par le fisc et par les créanciers, men-
dient leur pain ; ces mêmes hommes, gardés à bord trois,
quatre, cinq années sans paye, y mourant plus souvent encore par le chagrin et la mauvaise nourriture que par la
main de l'ennemi, ou désertant à la nage, au risque de se
noyer, et s'expatriant pour ne pas être condamnés à vivre à
côté des criminels sur les bancs des galères royales, tel est,
en abrégé, le spectacle qu'offrent les classes maritimes à
partir de 1690 pendant toute la durée du dix-huitième siècle,
et cela au dire des intendants, des inspecteurs, des ministres
eux-mêmes, non pas, il est vrai, dans les documents destinés
à la publicité, mais dans leurs correspondances journalières.

Comment et pourquoi l'idée si philanthropique, si féconde
de Colbert a-t-elle pu aboutir à un résultat si désastreux ? Il
est facile de le comprendre. Tout son système reposait sur
une base qu'il avait créée lui-même, qu'il voulait perfectionner, et dont malheureusement les fondements disparurent
avec lui, l'ordre dans les finances et dans l'administration.
Avec cela, tout allait bien : la demi-solde était acquittée régulièrement, le projet d'exempter du payement des tailles
les matelots de service pouvait être réalisé un jour ; et un
noyau d'équipages entretenus complétait heureusement l'institution, tandis que l'administration, surveillée, épurée avec
le temps, devenait, pour les gens de mer, un protecteur au
lieu d'être un instrument de persécution et de tyrannie.
Depuis la mort de Colbert, l'argent étant au contraire devenu très-rare dans les caisses publiques, lorsqu'il n'y man-
quait pas totalement, on chercha à retrancher les dépenses
qui n'étaient pas d'une absolue nécessité et à payer le moins
et le plus tard possible celles qu'on ne pouvait supprimer entièrement. La demi-solde, rangée dans la première catégo-

rie, disparut aussitôt, et les salaires, maintenus dans la seconde, furent le plus souvent en retard de plusieurs années, parfois même ils demeurèrent impayés. Dès lors, le système devint une iniquité ayant forcément pour conséquence l'asservissement de la classe entière des marins, qui ne pouvait renaître que faible et rabougrie des cendres auxquelles on la réduisait sans cesse.

En un mot, l'institution de Colbert n'avait qu'un défaut, mais un défaut qui changea en un poison mortel les bienfaits qu'elle était destinée à produire : elle était trop délicate pour son époque, et supposait un état social auquel nous ne devions parvenir qu'un siècle et demi plus tard.

PARIS. — IMPRIMERIE GÉNÉRALE DE CH. LAHURE
Rue de Fleurus, 9